U0540406

国家社会科学基金项目(22CGL036)
南京财经大学学术著作出版资助项目

社会质量、治理有效与乡村振兴

詹国辉 著

天津出版传媒集团

天津人民出版社

图书在版编目（CIP）数据

社会质量、治理有效与乡村振兴 / 詹国辉著.
天津：天津人民出版社，2024.9. — ISBN 978-7-201
-20610-3

Ⅰ．F320.3

中国国家版本馆 CIP 数据核字第 20240SA517 号

社会质量、治理有效与乡村振兴
SHEHUI ZHILIANG、ZHILI YOUXIAO YU XIANGCUN ZHENXING

出　　版	天津人民出版社
出 版 人	刘锦泉
地　　址	天津市和平区西康路35号康岳大厦
邮政编码	300051
邮购电话	（022）23332469
电子信箱	reader@tjrmcbs.com

责任编辑	佐　拉
装帧设计	卢炀炀

印　　刷	天津新华印务有限公司
经　　销	新华书店
开　　本	710毫米×1000毫米 1/16
印　　张	14
插　　页	2
字　　数	260千字
版次印次	2024年9月第1版 2024年9月第1次印刷
定　　价	89.00元

版权所有　侵权必究
图书如出现印装质量问题，请致电联系调换（022-23332469）

目　录

第一章　绪论 / 1

　　第一节　研究缘起 / 1

　　　　一、研究背景 / 1

　　　　二、研究意义 / 3

　　第二节　文献综述 / 6

　　　　一、国内研究综述 / 6

　　　　二、国外研究综述 / 21

　　　　三、研究述评与本书的定位 / 34

　　第三节　研究方法、创新与不足 / 39

　　　　一、研究方法 / 39

　　　　二、可能的创新之处 / 40

　　　　三、可能的不足之处 / 41

第二章　理论基础与分析框架 / 42

　　第一节　社会质量理论 / 42

　　　　一、理论创生背景 / 42

　　　　二、理论溯源 / 46

　　　　三、理论内核及内容体系 / 52

第二节　社会质量理论：乡村振兴的新分析框架 / 58

　　一、制度支持 / 64

　　二、治理行动逻辑 / 66

　　三、动力机制与结构要素 / 70

第三章　乡村振兴的制度支持 / 74

　第一节　正式制度：乡村振兴的主导支持 / 74

　　一、基层政权的组织基础 / 75

　　二、公共服务的供给体系 / 90

　第二节　非正式制度：乡村"内生性支持" / 115

　　一、宗族 / 116

　　二、乡村组织 / 121

　第三节　非耦合性支持：正式与非正式制度的不均衡互动 / 131

　　一、非制度化的策略运作：乡村治理的实践样态 / 131

　　二、正式制度与非正式制度的"相互妥协" / 137

第四章　乡村振兴中的治理逻辑 / 142

　第一节　党建引领：乡村振兴的领导行动逻辑 / 143

　　一、基层党建与乡村建设 / 143

　　二、党建引领乡村振兴的实践机制 / 145

　　三、党建引领下乡村振兴的"三重行动"逻辑 / 150

　第二节　压力型体制、任务指标与基层"政绩锦标赛" / 160

　　一、乡村主体的逐利交织网络 / 160

　　二、积极转型及压力型体制下的"指标"治理 / 166

第五章　实现乡村全面振兴的有效机制 / 170

　第一节　外源动力机制 / 171

　　一、政策嵌入：促成乡村振兴的政策保障机制 / 172

二、人才引进:促成乡村振兴的智力支持机制 / 175

三、资本下乡:促成乡村振兴的有效驱动机制 / 178

四、科技参与:促成乡村振兴的有力杠杆机制 / 182

第二节　内生发展机制 / 185

一、培育主体:激活乡村振兴的内源机制 / 187

二、发掘资源:发挥乡村振兴的优势机制 / 193

三、三治融合:乡村治理现代化有效机制 / 195

四、深化改革:助推乡村振兴的持续机制 / 201

第三节　四维结构机制 / 207

一、健全社会经济保障机制 / 208

二、完善乡村社会凝聚机制 / 211

三、构建乡村社会包容机制 / 214

四、创新乡村社会参与机制 / 217

第一章 绪论

第一节 研究缘起

一、研究背景

党的十九大报告正式提出了乡村振兴战略,这是新时代中国解决"三农"问题、促进城乡融合发展、推进农业农村现代化的重大战略。事实上,全面实施乡村振兴战略,使新时代的乡村建设行动有了更为宏大的新蓝图,为实现乡村建设行动愿景——"农业更强、农村更美、农民更富",指明了坚实有力的前进方向。"民族要复兴,乡村必振兴。"脱贫攻坚取得整体性绝对胜利之后,各级政府要全面推进乡村的振兴,这是后贫困时代下新"三农"工作的历史性转移。能否全面推进乡村振兴,关键在于其在地化实践成效如何。因而,要将乡村振兴的着眼点落实到如何加快发展乡村产业,如何推动社会主义精神文明建设,如何建设乡村生态文明,如何实施乡村建设行动,如何推动城乡融合发展见实效,如何创新和改进乡村治理有效的一系列治理工程。立足新时代,在新"三农"领域奋发有为,做好新"三农"工作,旨在进一步全面推进乡村振兴。在此,就需要坚决有力地贯彻和落实习近平总书记的重要讲话精神和党中央在农业农村现代化工作中的决策部署,把握新形势、明确新任务、展现新作为。

自2017年以来,全面实施乡村振兴战略的开局良好,实施成效尤为显著。自乡村振兴战略实施以来,在全党和全社会的共同奋斗之下,农业农村工作呈现出"稳中有进"的新局面。总而言之,乡村振兴在"十四五"规划的开局之年呈现良好发展态势。具体来说:重要农产品产量继续保持稳定态势,全国粮食产量连续6年站稳了1.3万亿斤的坚实台阶,仅2020年全国粮食总产量就达到13390亿斤,确保了国家粮食安全和农产品的有效供给。农业供给侧结构性改革的进展十分顺利,农业产业、农业产品结构都得到了进一步的优化,农业产品的供给格局显现为多元化供给充足格局,农业产业类型和品种愈发丰富,进一步实现我国农业、工业和服务业的三业融合发展,产业融合发展质量不断得到提升。与此同时,新产业、新业态在新时代下不断涌现,诸如"互联网+"观光休闲农业、农产品加工业等多元化农业经济、新业态经济的迸发,极大地促进了农民个体的就业增收。随着两山理论等绿色发展理念不断地深入人心,地方各级政府都在大力统筹山水林田湖草的系统治理,实现对农、林、渔等产业的投入品减量增效,重点开展了农业废弃物资源化利用,最大程度地保护了农业生态环境,为农业可持续发展提供了持久动力与发展机遇。

党的十八大以来,以习近平同志为核心的党中央亲自指挥、亲自部署,打赢了"精准扶贫"的历史攻坚战,脱贫攻坚成果在世界范围内仍属于"举世瞩目"之伟绩。在现行标准下,9899万农村贫困人口已经实现了全部脱贫,全国范围内的贫困县全部"摘帽",消除了中国境内的绝对贫困和区域性整体贫困的现状。具体来说,如果依据每年人均消费支出2300元(2010年不变价)的现行农村贫困标准计算,2020年全国范围内的551万农村贫困人口全部实现脱贫。2020年贫困地区的农村居民人均年可支配收入达到12588元,比2019年增长8.8%,扣除价格因素,实际增长5.6%。[1]

农民收入呈现出持续增长的幸福态势。2020年农村居民人均可支配收入17131元,比2019年增长了6.9%;如果扣除价格因素,农村居民人均可支配收入的实际增长率为3.8%。[2]由此可见,农民收入提前一年实现比2010年翻一番不止。城乡居民收入差距正在不断缩小。如上数据都证实了,夯实和提升农民的经济收入保障,才能为扎实推动共同富裕奠定坚实的基础。通过构建和完善"三权"分置的土地制度创新,无疑会助力新型农业经营主体的持续发展,为乡村场域空间中的小农户与现代农业的有机衔接提供助力。此外,通过完善农村人居环境的全域整治机制,改善以往乡村"老、旧、破"的村容村貌。总之,随着乡村经济与社会保障事业基础的不断夯实,农村公共服务供给质量的不断提高,旨在进一步推动和实现乡村的全面振兴。

二、研究意义

社会质量是一个关于乡村振兴研究的崭新领域,这一理论研究的推进显现出学术增进之意。具体而言:

---

[1] 国家统计局:《中华人民共和国2020年国民经济和社会发展统计公报》,http://www.stats.gov.cn/tjsj/zxfb/202102/t20210227_1814154.html,2021-02-28/2021-06-20。

[2] 国家统计局:《中华人民共和国2020年国民经济和社会发展统计公报》,http://www.stats.gov.cn/tjsj/zxfb/202102/t20210227_1814154.html,2021-02-28/2021-06-28。

（一）理论价值

首先，拓展乡村振兴的理论。基于社会质量理论视角对乡村振兴实践及其优化机制进行研究，有助于完善和拓展乡村振兴理论。本书尝试建构出乡村振兴的新框架——社会质量，希冀对乡村社会治理行为进行引导，以期提升乡村振兴质量。如上新框架的提出有利于丰富乡村振兴的研究视角。

其次，构建长效机制。系统性揭示了乡村振兴的基本维度，综合运用社会学、政治学和公共管理等学科的交叉理论，详细地从制度支持、行动主体和社会质量的结构性要素等维度来探究乡村振兴，从而构建出乡村振兴研究的新路径，反之亦能促进和全面推动对乡村振兴内涵的新诠释。一方面是有助于实现社会共享需要。通过探究中国乡村振兴全面实践过程中的理论逻辑，厘清其实践背后的影响机制，使得乡村社会民众能够共享乡村振兴的改革成果。另一方面是乡村振兴实践的政策支撑。基于社会质量理论视角构建多维长效机制，以期为乡村振兴提供理论支持，进一步助推乡村振兴全面实践的高质量发展。

（二）应用价值

实施乡村振兴的国家战略，是习近平在党的十九大作出的重大决策部署，是新时代"农业农村现代化"工作的总抓手。习近平强调，各地区各部门要充分认识实施乡村振兴战略的重大意义，把实施乡村振兴战略摆在优先位置，坚持五级书记抓乡村振兴，让乡村振兴成为全党全社会的共同行动。正所谓，"认识是一切行动的先导"。由此，只有深刻认识全面实施乡村振兴国家战略的重大现实意义，才能有效地从根本上自觉地落实乡村振兴行动。

首先，习近平提出的乡村振兴战略，正是适应了我国当前城乡融合发展的阶段性特征,更重要的是其有机地契合了中国特色社会主义进入新时代的历史性要求,健全和完善"以城带乡、整体推进、城乡融合发展"的乡村发展格局,尤其是在乡村公共就业服务体系、乡村基础设施、农村医保制度和大病保险制度等多项乡村制度安排,有序提升农村公共服务供给质量,希冀于能够不断地提升乡村居民的幸福感和获得感。诚如中共中央、国务院所制定和颁布的《关于实施乡村振兴战略的意见》,这就"为全面建成小康社会'补齐发展短板'"提供了长足动力和机制。

其次,农业农村的现代化程度直接关乎社会主义现代化的整体进程。因而从这一意义来看,乡村振兴战略在地化实践能够全面实现,直接关系到农业农村现代化和社会主义现代化的整体性建设局面。实施乡村振兴战略,不仅能够快速推动乡村经济增长,而且还能进一步实现乡村治理能力与乡村治理体系的现代化,从而促成乡村生态环境综合整治效果的整体性推进,旨在能从更大程度上提升广大乡村居民的获得感与幸福感。更为重要的是,通过全面实施乡村振兴的国家战略,不单单能够为农业农村现代化的顺利实现夯实物质性基石,还能进一步为全面建设社会主义现代化国家提供"坚实性保障"。

最后,为解决新时代我国社会主要矛盾提供可持续路径的选择。新时代以来,中国发展的不平衡不充分大多表现在"三农"领域,主要映射于城乡之间的不平衡,又反映出不同区域间的乡村发展不平衡。为此,《关于实施乡村振兴战略的意见》,进一步将城乡发展的行动指向了如何促成"坚持城乡融合发展"方针。换言之,"坚持城乡融合发展"将作为新时代全面实施乡村振兴国家战略在地化实践的基本原则之一。从这个意义来看,全面实施乡村振兴战略,为破解乡村发展的不平衡不充分症结找到了良药,为化解新时代我国社会主要矛盾与社会风险提供了可持续路径选择。

第二节 文献综述

一、国内研究综述

本书研究的重点是从学术性探究的一般性研究规律来审视乡村治理问题的现实关怀和学术回应。一方面通过对乡村治理有关研究成果的文献量化的呈现，旨在从学术研究形式上来客观描绘出乡村治理这一研究主题在文献层面所能获取关注的频度和深度；另一方面，本书通过对乡村治理研究的主体内容进行系统论述，以期能够全面系统地刻画出乡村治理研究具体的理论演进脉络。

（一）研究成果的量化呈现

本书研究主要是以中国知网CNKI数据库为检索样本，检索的截止日期为2018年1月28日，文献选择时间区域从2008年1月1日到2017年12月31日，以"乡村治理"为主题的检索总量为6295，其具体年份分布情况详见表1-1和图1-1。

表1-1 关于乡村治理研究的文献量年份分布

年份	2008	2009	2010	2011	2012	2013	2014	2015	2016	2017
文献量	443	429	470	518	518	497	692	930	931	864

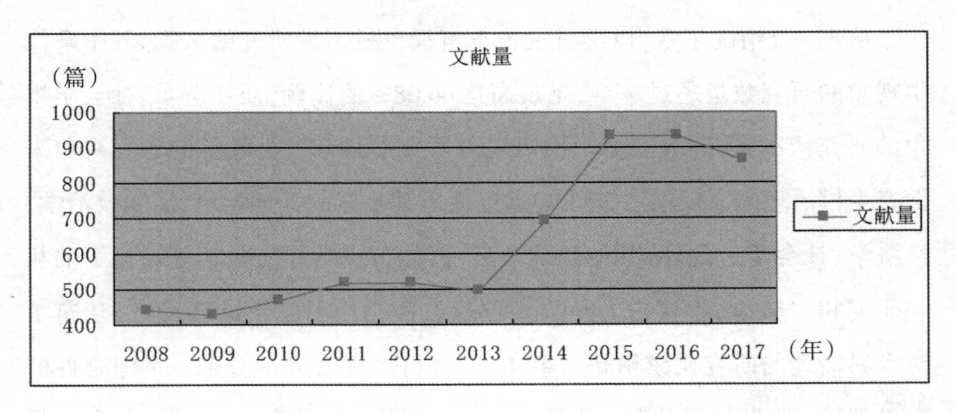

图1-1 文献量年份(2008—2017)分布

从图1-1、表1-1中文献量变化趋势可以看出,有关乡村治理研究的文献自2008年开始逐年递增,特别是在2013年及以后关于"乡村治理"研究呈现出"井喷"之势,在2015—2016年达到顶峰,分别有930和931篇文献,随后2017年有下降趋势,仍然高达864篇文献。

知网文献分析的学科更多偏向中国知网数据库内的学科指南,为了更符合严格意义上学科视角分类研究的要求,将如上文献的重叠学科区域进行整合。其整合后学科研究分布情况具体如表1-2所示。

表1-2 多学科视角的乡村治理研究

学科	频数	百分比%
政治学	4160	66.08
经济学	1075	17.08
社会学	513	9.74
行政学	493	7.83
法学	151	2.40
环境学	110	1.75
建筑学	75	1.19
文化学	67	1.06
历史学	63	1.00
合计	6295	100

从表1-2情况来看,以学科视角来审视乡村治理研究的文献,其中政治学视角的研究数量超过一半,足足高达66.08%的比例,而经济学、社会学视角的研究依次排在二、三名。而以笔者所在学科——行政学的研究视角来探究乡村治理研究仅仅占7.83%,远远低于其相连的其他学科,诸如政治学、经济学、社会学。此外,其他传统学科,诸如历史学和文化学等视角下的相关研究相对较少,仅仅占1到2个百分点,而自然科学下的环境学、建筑学对乡村治理的研究比较稀缺。事实上,乡村治理研究本身是一个综合性的交叉研究,如果仅仅依托于一般性的人文社会学科来解读和诠释乡村问题,那么其局限效应势必会被放大,其学术研究的中心——边缘结构会被进一步禁锢,最终将会引致学术研究的过度社会科学化。诚如习近平《在哲学社会科学工作座谈会上的讲话》上指出"中国特色哲学社会科学应该涵盖历史、经济、政治、文化、社会、生态、军事、党建等各领域,囊括传统学科、新兴学科、前沿学科、交叉学科、冷门学科等诸多学科,不断推进学科体系、学术体系、话语体系建设和创新,努力构建一个全方位、全领域、全要素的哲学社会科学体系"。因此,面对乡村社会的日益复杂化,乡村问题的不确定风险不断增大,如若单纯依靠某一些学科的解读难以有效诠释乡村社会的复杂境况。

表1-3 乡村治理研究的研究层次

研究层次	基础研究	政策研究	应用研究	其他
文献量	3548	1792	494	461
百分比	56.36%	28.47%	7.85%	7.32%

以研究层次为例,乡村治理研究的分布情况如表1-3所示。具体而言:基础研究占据一半以上,具体占了全部文献量的56.36%,而对于政策研究和应用研究的力量比较薄弱,仅仅在三成、一成左右的比例。如上的百分比差异表征出当前关于乡村治理研究在实践政策和应用层面的"有限性"。如果

仅仅只是对乡村治理问题进行简单的田野调研的现象描述来实现其基础研究,抑或文献层面上的逻辑推演,并不能有效满足乡村治理研究的实践之需。

事实上,一项科学的学术研究应当通过科学的分析、严谨的论述,以及借助于定量和定性研究工具来实现研究的科学化,以便将现实维度上的政策制定者和学术研究人员,有机地配合并能评价学术问题的现实影响,最终能够更好地解读和诠释其研究的内在张力,并评估其学术研究的可能性输出。面向政策研究和应用研究的缺乏,侧面反映出现有研究的政策引导性和政策制定、行政决策的应用能力的薄弱。

表1-4 发文量排名前十的核心作者

核心作者	贺雪峰	刘祖云	赵秀玲	徐勇	吕德文
文献量	56	17	17	15	14
核心作者	任仲平	温铁军	卢福营	李增元	刘伟
文献量	13	12	12	12	11

对上述关于乡村治理研究文献数据库中以"核心作者"来分析,表1-4中所展示的是排在前十名的作者,其中绝大多数学者是"身处华中"地域,抑或华中政治学学者,诸如徐勇、贺雪峰等。

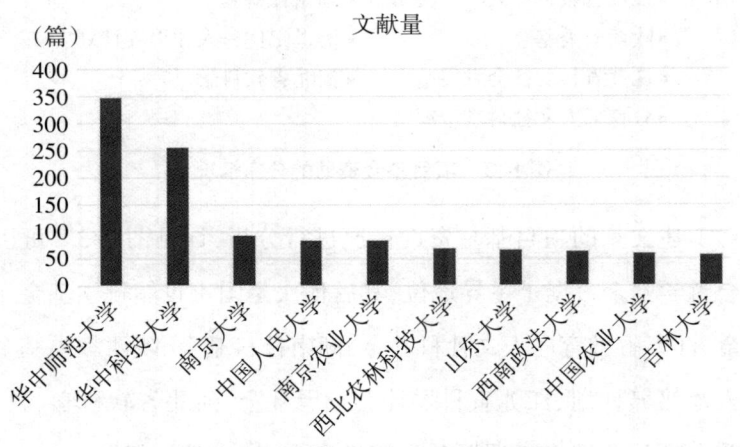

图1-2 发文排名前十的核心作者单位

核心作者单位,体现出了学术研究的空间载体功能,亦能反映出学术研究的团队性。以核心作者单位来看乡村治理研究的文献情况,如图1-2所示排名前十名的作者单位分别是:华中师范大学、华中科技大学、南京大学、中国人民大学、南京农业大学、西北农林科技大学、山东大学、西南政法大学、中国农业大学、吉林大学。如上的排序可以发现,除了一般的"985"高校外,排在前五名的只有南京农业大学是"211"高校,排在前十名还有南京农业大学和西南政法大学,这两所非"985"院校。这足以反衬出,南京农业大学对乡村治理研究的集聚贡献。此外,华中师范大学、华中科技大学高居文献量的最前列2次,现有乡村治理研究的主体力量集中在华中地区。尽管贺雪峰的中国乡村治理中心团队从华中科技大学跳转到武汉大学社会系,但其学术力量的主体和中心仍然在武汉。

- 项目资助基金
- 国家社科基金
- 国家自然科学基金
- 中国博士后基金
- 江苏省教育厅人文社科基金
- 湖南社科基金
- 陕西教委基金
- 跨世纪优秀人才培养计划
- 江苏省科委社会发展基金
- 河北省软科学
- 教育部人文社科基金项目

图1-3 项目基金资助的分布情况

以对上述文献的项目基金资助情况进行分析,详见图1-3。可以发现,国家社会科学基金占据了主导地位,其后依次是国家自然科学基金、中国博士后基金、江苏省教育厅人文社科基金、湖南社科基金、陕西教委基金、跨世纪优秀人才培养计划、江苏省科委社会发展基金、河北省软科学、教育部人文社科基金项目。国家级课题基金资助最多,地方政府级别的基金资助研究较少。事实上,在国家层面上,国家自科基金和博士后基金相对于国家社科基金明显处于劣势,这说明了对于乡村治理的研究仍然是集中在社会科学维度下的研究领域,因而要繁荣社会科学的当务之急在于加大自然科学基金和博士后基金的资助力度。此外,就地方层面而言,江苏省对乡村治理研究的资助力度最大,主要有江苏省教育厅人文社科基金、江苏省科委社会发展基金,且资助的文献在地方层面最多。

随着研究的不断深入,出现了越来越多与乡村治理相关的研究点,形成了庞大的研究网络,以下是高相关的研究热点及其研究走势,详见图1-4。

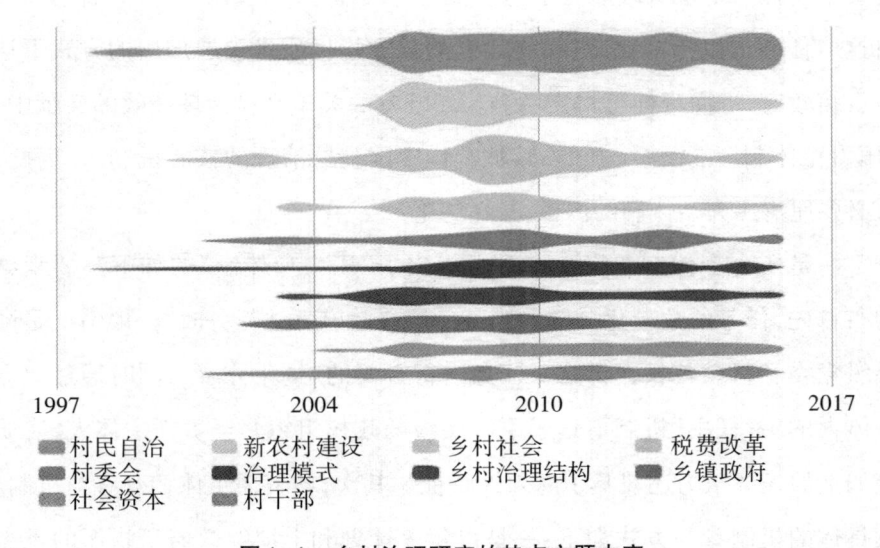

图1-4 乡村治理研究的热点主题内容

注:上图所示的研究热点主题自上而下的顺序,依次为:村民自治、新农村建设、乡村社会、税费改革、村委会、乡村治理模式、治理结构、乡镇政府、社会资本、村干部。其所涉及的主题内容呈现出"由大到小"的研究趋势。

事实上,国内既有学术文献有关乡村治理研究主题的更多强调数量逻辑,本部分主要从"宏观维度(体制)——中观维度(行动逻辑)——微观维度(行动策略)"来评述既有研究的主题。

(二)宏观维度:压力型体制与目标数量管理

针对乡村治理绩效而言,"压力型体制"无疑能够对其形塑出一种深度化的理论抽象。有学者认为"压力型体制"是对其的抽象解读,还不是对乡村治理现实逻辑的客观描绘。具体而言,压力型体制客观生动地刻画了地方基层政府基于压力的驱动逻辑,其压力核心来源始终是一种"自上而下的行政命令"。诚如杨雪冬学者所认为,"压力型体制"并非"新生事物",实质上是乡镇政府的传统动员治理机制在"裹挟现代化的资本下乡"背景下的重构。[①]换言之,上层级政府为了达成某一行政任务,采取以"任务分解"方式,将这一任务得以指标化,进而将如上的任务指标通过层层加压的方式下达至乡镇政府,进而延伸至村支两委。在既有的关于乡村治理绩效的文献中,"压力型体制"是无法绕开的,其被看作中国基层治理的核心机制。[②]因此,有必要厘清压力型体制的内核,具体如下。

一是压力型体制要素。有学者提出了"压力型体制"的如下三要素结构[③]:首先,任务的数量化分解。当某一层级政府下达任务时,一般情况是同层级党委和行政首长会将这一任务进行必要的"量化分解",同时通过双方主体人的"责任书"机制下达于下一层级的政权组织乃至责任主体人,实质上如上的任务压力还兼具了时效性特征。其次,各责任主体相互参与机制。其具体的机制参与方式如下:一是以年度计划和上层级政府所指派的重点任务为主体,纳入下层级政府的工作任务计划指标之中[④];二是通过任务项

[①] 杨雪冬:《压力型体制:一个概念的简明史》,《社会科学》,2012年第11期。
[②] 岳德常:《关于"压力型体制"的思考》,《经济社会体制比较》,1997年第6期。
[③] 秦小建:《压力型体制与基层信访的困境》,《经济社会体制比较》,2011年第6期。
[④] 荣敬本:《变"零和博弈"为"双赢机制"——如何改变压力型体制》,《人民论坛》,2009年第2期。

目小组形式抽调本层级政府的专业化工作人员,以便及时有效地完成上层级政府所指派的临时任务。最后,指标评价体系的物质化。对于完成指标任务的公共部门乃至部门组织内的成员而言,其除了一般性的精神荣誉鼓励之外,还会增加应有的物质性奖励,诸如晋升、绩效工资、奖励等。与之相对应,未能完成指标任务的主体人则可能会被施行"一票否决"制。[①]同时评价体系还嵌入了所谓的"多层次"特征,具体呈现为多层次的评价主体,诸如党委、行政部门,还有纪检部门及下级政府。[②]

二是压力型体制与传统动员体制的比较。压力型体制与传统动员体制比较的差异性体现在如下:首先,传统动员体制在更多层面上依赖于国家与政府的管控力,呈现出以政治配置一切资源的行动逻辑。但是随着市场化力量不断侵蚀,社会分化速度的加快,乡村自主性的不断提升,使得其传统动员机制得以解构,压力型体制应运而生。[③]在压力型体制下,原先的行政强制性地被消解,上层级政府以任务责任书形式来替代原有的动员会,这一任务分解机制有助于划分和厘清上下层级政府间的具象责任。其次,在行为主体上,基于动员体制下不同层级间的政府及其公共部门组织尚未建构出其独立的合理合法,无依据直接谋求单一集体化的利益;[④]而在压力型体制下的情况截然相反,这部分主体的利益会被独立,进而会获得"制度化认可",由此认为其制度行动更兼具了强烈的主动性。最后,"讨价还价"关系,在压力型体制中下一层级政府囿于制度行动压力会进一步主动调整自身的能力,谋求一种"讨价还价"关系,有助于处理好主体间的良性关系。

[①] 李万忠:《乡镇的压力如何层层传递与分解》,《中国乡村发现》,2013年第4期。
[②] 欧阳静:《"维控型"政权——多重结构中的乡镇政权特性》,《社会》,2011年第3期。
[③] 尉帅:《压力型体制下的政治动员及其发展:转型过程中我国地方政府环境治理模式研究》,陕西师范大学硕士学位论文,2016年。
[④] 于建嵘:《人民公社动员体制的利益机制和实现手段》,《中国农业大学学报》(社会科学版),2007年第3期。

社会质量、治理有效与乡村振兴

三是乡村治理的压力来源。乡村治理压力的来源主要来自乡村发展的压力、自上而下的行政化任务压力、乡村社会民众自下而上的需求满足压力。事实上,如上的压力无论是在内容上,还是在结构层面上,都需要进一步调整。但是需要明确的是,无论上述压力如何演变,其未能超脱于对经济指标的考量,具体而言:其一,发展乡村经济所面临的外部约束条件因素,诸如生态环境、土地要素、人才就业等;其二,除了应有的发展压力,还应当承担起因经济发展所附带的其他附属问题,诸如乡村生态环境、城乡收入差距、公共服务供给的非均衡及社会治理的低绩效。

四是压力型体制与乡村治理的内在关系。Edin[1]认为,基层压力来自基层政府对干部的绩效考核,以实现对下一层级政府的控制;更加强调通过行政化手段实施"硬指标",进而变相传递了行政化压力。[2]事实上,下一层级政府为了贯彻落实"硬指标",间接为村庄民主化进程增加了外部性风险。[3]如若对某一层级地方政府的问责过于严厉,往往适得其反,其会诱致上访事件的再次发生。[4]对此,学者秦小建[5]亦对如上的以维稳为主的压力型体制持有批判意见。农业税费取消后,进一步导致了乡村治理体制的结构性变化。乡村治理行为模式亦会同步发生流变,由原先的"汲取型"转向松散的"悬浮型"。[6]有学者认为农业税费改革之后乡村"压力型体制"的内在作用

---

[1] Edin Maria, State Capacity and Local Agent Control in China: CCP Cadre Management from a Township Perspective, *The China Quarterly*, 2003(173).

[2] 陶然、苏福兵、陆曦等:《经济增长能够带来晋升吗?——对晋升锦标竞赛理论的逻辑挑战与省级实证重估》,《管理世界》,2010年第12期。

[3] 章奇、刘明兴、单伟:《政府管制、法律软约束与农村基层民主》,《经济研究》,2004年第4期。

[4] 杨瑞龙、尹振东:《桂林上访与对地方官员问责:一个新政治经济学的视角》,《经济研究》,2010年第12期。

[5] 秦小建:《压力型体制与基层信访的困境》,《经济社会体制比较》,2011年第6期。

[6] 周飞舟:《从汲取型政权到"悬浮型"政权——税费改革对国家与农民关系之影响》,《社会学研究》,2006年第3期。

机理发生了突变效应:强化对乡镇基层政府的依法行政和问责机制;激励与惩处并存,乡镇政府的"政绩锦标赛"行动逻辑俨然转变为"政治淘汰赛"之行动逻辑。①尽管如此,仍有诸多学者认为农业税费体制的改革并未对"压力型体制"产生结构质变。李芝兰等②认为乡镇层级政府部门会遭到上层级职能部门的压力,会以"弱者的武器"手段对此进行积极回应,进而架构出了"反倒逼"机制,将原先的下达压力向上转移,进而衍生出了乡村治理的"最后一公里"困境。

(三)中观维度:任务指标与任务考评逻辑

正是基于基层政府(县、乡政府)对村庄资本要素的吸附和下沉,使得其所能够保持的自主性仅仅是相对意义的,并非自发意义的。因此,有必要从中观维度来解构和阐释压力型体制的治理逻辑。

1.任务压力与任务指标

压力型体制的最大特征在于能够在短时间内形构出应有的资源保障机制,以此来弱化基层政府的外部风险,化解因不确定性而导致的困境。观察乡村治理的实践可知,其基层政府更多时候借助于"动员机制"来实现治理目标。③因而,有学者认为压力型体制的核心机制在于"政治化机制"④,上一级政府依托于"政治任务",下一级政府及其相关职能部门据此完成指标,并在完成后给予相应的政治型和经济型激励抑或惩罚。如上所论的"政治任

---

① 渠敬东、周飞舟、应星:《从总体支配到技术治理——基于中国30年改革经验的社会学分析》,《中国社会科学》,2009年第6期。

② 李芝兰、吴理财:《"倒逼"还是"反倒逼"农村税费改革前后中央与地方之间的互动》,《社会学研究》,2005年第4期。

③ 曾凡军:《GDP崇拜、压力型体制与整体性治理研究》,《广西社会科学》,2013年第6期。

④ [美]休依德·赫斯特德、[美]海迪·霍尔伯格·萨洛蒙森、王冬芳、孙春晖、张学进:《确保政治回应性:部级官僚机构的政治化机制》,《国际行政科学评论》(中文版),2015年第2期。

务"由最初阶段的"经济指标增长",进而扩展到其他类型政治任务,诸如社会稳定(社会治安、信访)、食品安全、乡村生态环境等。[①]事实上,一旦某一项任务形塑了"政治性"后,势必会迫使这一层级政府向下层级政府给予特定化的政治责任机制,这种责任机制兼具了如下两项行动逻辑,即"一把手"责任工程;"一票否决"奖惩制。在如上的政治责任机制的两项具体行动逻辑之下,基层政府(县、乡两级政府)往往在某些特定的"政治性"任务上会因此而承担起"无限责任"[②]。

2.任务考评失效及其后遗症

不容置疑的是,在工商资本及其市场化机制不断充斥于乡村场域空间之时,强调任务压力的"政治化"无疑将会凸显基层政府所需要承担的应有责任。[③]从地方政府延伸至乡村村庄,上一层级政府通过权力链条,层层施压来推动乡村事务的有效治理,但是这在治理的合法性意义下不能构筑出基层政府责任的常态化行动。事实上,裹挟了经济发展的压力传导机制不利于乡村治理绩效的有序提升,激增了诸多治理恶效。换言之,任务考评失效所引发的"后遗症",具体如下。

一是政治任务强烈的"个人化"要素。在压力型体制下,一般意义下的县乡两级政府党政"一把手"的权力呈现马太效应。因监督及其制约机制的不健全,党政一把手为了达到政治任务的顺利完成,往往会借助动员手段,但因动员的过度化使得其下一层级政府的行政命令色彩更浓。此外,因党政"一把手"的权力会进一步消除持有异议的行动空间,最终形成了治理空

---

① 徐娜:《纵向权力博弈:基层政府间"共谋行为"研究》,华中师范大学硕士学位论文,2015年。
② 徐勇:《村民自治、政府任务及税费改革——对村民自治外部行政环境的总体性思考》,《中国农村经济》,2001年第11期。
③ 林雪霏:《双重"委托-代理"逻辑下基层政府的结构困境与能动性应对——兼论基层政府应然规范的转变》,《马克思主义与现实》,2017年第2期。

间中的"庇护-附庸"型乡村治理的关系网。二是指标任务在向下分解过程中被"虚置"[1]。从实践反馈来看,基层政府(县、乡两级政府)在收到上一级政府所下达的任务指标之后,一般会采取"打提前量"的做法,即将各项任务指标依照一定的比例得以放大之后,再将其分解到下一层级政府。[2]民谚中所谓"一级压一级,层层政府加码,码到成功"说的就是这个道理。三是政府行为的"暴力化"。因基层政府的外部约束和监督的不健全,其"暴力化倾向"愈发明显,最终可能会转至治理行动。[3]

任务考评失效一般是在如下四种情况下产生:第一,下达的指标任务超出了本层级政府的任务执行能力,诱使后者借助强制性手段来执行。第二,相关职能部门滥用县、乡两级政府基层执法权力。第三,完全个人化,基层政府裹挟个体利益的公共性权威来谋求自身利益目标,典型例子莫不是乡村治理中的"政绩工程"[4]。第四,"政治性"任务压缩了基层政府其他责任空间,进而引致了基层政府责任空间的"失衡"。事实上,督促应有的基层政府所建构的责任机制不单单是政治机制,还囊括了其他法律与道德机制。[5]然则,从实际运作逻辑来看,在追求其个体官员失责之时,更多情况是依赖于有效的政治机制(政治升迁抑或党内处分)。[6]此外,乡镇政府为了达成上一

---

[1] 扈映、米红、陈伟鑫:《"后税费"时代的基层治理:逻辑及方式——基于"新农保"试点推行的案例分析》,《探索》,2012年第5期。

[2] 王汉生、王一鸽:《目标管理责任制:农村基层政权的实践逻辑》,《社会学研究》,2009年第2期。

[3] 侣传振:《农村基层政府的信访目标责任制及其实践逻辑——基于C县的调查研究》,《湖南农业大学学报》(社会科学版),2014年第6期。

[4] 孙彩红:《从目标考核到治理绩效评估:基层政府的转型》,《甘肃社会科学》,2016年第5期。

[5] 何绍辉:《目标管理责任制:运作及其特征——对红村扶贫开发的个案研究》,《中国农业大学学报》(社会科学版),2010年第4期。

[6] 宁德平:《基层政府实施目标管理研究——以昆明市西山区政府为例》,云南大学硕士学位论文,2010年。

级政府及其相关职能部门所下达的政治任务,借助多样化手段,甚至不惜断裂应有的乡村秩序规范。

(四)微观维度:乡村策略行动与利益计算

已有研究文献更多关注的是乡村基层权力的运作逻辑,而非理性主义原则。由此证实了基层政权组织与一般理性官僚制特征的偏差性现实。例如:"正式权力的非正式运作",基层政府间的"共谋行为",以及"拔钉子、开口子、揭盖子、示蛮、怀柔"等基层政府在治理过程中各类非正式的权力技术与策略。[①]然而理性主义只是为我们指出了基层治理的非正式运作现实,并未说明这种非正式运作的真实逻辑是什么,策略行动则是对这种非正式运作形态的一种概括。

策略行动是由基层政府特有的组织和制度环境塑造而成的。从目前基层政府的组织制度环境看,基层治理不仅面临着压力型体制中多目标、高指标的任务,而且又处于财政资源短缺、利益最少、权力最小之间的困境中(基层干部通常所说的钱少事多、权小责大的问题)。[②]显然,在财政资源短缺、利益最少、权力最小及压力型体制的多任务、高指标的困境下,基层政府如果采用理性主义的原则,依照程序、制度严格按章办事,是不可能完成任务的。因为理性主义所对应的是"权责利"完全对称、完全匹配的组织,而不是像基层政府那样的"权责利"不对称、不匹配的组织。

在此制度约束下,基层政府的治理只能选择"策略行动"逻辑,正如基层干部所说:"什么方法最有用就用什么方法,什么方式最有效就用什么方式,

---

① 李晗:《特大城市郊区乡镇政府征地拆迁的策略逻辑研究》,上海大学博士学位论文,2017年。
② 李鑫诚:《乡村权力下沉治理模式的运行策略及其反思》,《湖北社会科学》,2017年第4期。

只要能完成任务。"①所以,当官僚制度的理性主义方式无法实现压力型体制的多任务、高指标时,各类非制度化、非正式化的策略与技术手段就应运而生了,比如超常规的基层运动式治理等。与此同时,资源匮乏和权力弱小的困境使基层政权组织无力顾及那些考核体系中的"软指标",以及满足考核体系之外的乡村社会治理需求"事件性治理"和形式主义文牍化等。策略行动的运作方式由此成为基层治理的基本进路。即使在"依法行政"的新时期,基层政权组织也缺乏与其治理需求相对应的制度化、法治化权力。具有执法权力的派出所和法院不具有适合乡村社会的组织体系,而具有组织体系的乡镇却不具有享有乡村社会的执法权力。这种状况进一步强化了基层的策略行动逻辑,使其不顾政策目标而采取"放水养鱼"的措施,同时又不问正当性地运用"庄里公家人"和"道上的人"等非正式治理力量和对村级组织官僚化,以弥补其薄弱的基础性权力。②

从治理效果看,如果策略行动只是作为纯粹的治理技术,那么它确实具有很强的灵活性,因为它不遵守刻板的规则和烦琐的程序,这就可以克服科层组织固有的部门分隔、繁文缛节、专业壁垒和组织官僚的惰性等一系列缺点,从而表现出超乎寻常的效率。③从一定意义上说,策略行动不仅可以节约大量的行政成本,而且也可以体现基层治理的因地制宜。更为重要的是,在威权体制下,这种背离理性主义的各类策略和治理技术在很大程度上可以化解"一刀切"的政策,灵活地变通政策的普适性,使基层治理达到有效治理的良治效果。但是如果策略行动不仅仅是一种权力技术,还是一种"因技

---

① 张立芳、郭华夏:《试论乡村治理中村民内部利益主体博弈策略——基于智猪博弈分析》,《农业经济》,2017年第4期。

② 夏琼:《农民利益追求与农村社会冲突——关于农村部分"进村"项目的思考》,《学术界》,2015年第3期。

③ 欧阳静:《基层治理中的策略主义》,《地方治理研究》,2016年第3期。

术而技术,或只讲技术不讲原则"的行为逻辑时,就会带来严重的社会后果。因为一旦一些非规范的治理技术缺乏是非标准,或者说缺乏支撑制度规范运行的核心价值和价值文化时,则容易上升为一种不顾合理性、不讲正当性、不计后果的权宜性、短期性的策略行动逻辑。①这时,各种策略的运作就不仅仅是治理技术的选择和运用,而是如同理性主义原则一般,成为一种具有意识形态意义的行为准则。这种"因人而异"地运用各类具体而极具个性化的策略主义就极易滋生腐败。正如我们在基层政治和官僚晋升中观察到的那样,"嵌入于差序式关系网络中的行动者,总是将公共制度与规范放在一边,各显神通地运用各种'关系和策略'去获得某个相应的公共职位"②。

农民生产生活条件恶劣,村集体经济基础薄弱,公共设施的共享度低,乡村社区发展困难重重。乡村的发展不仅是农业与经济的增长,而且也是社会与经济利益的平等分配。③因此,政府需要积极扮演着乡村公共服务供给的角色。但要全面改善这些偏僻村庄的基础设施和生产、生活条件,提高农民的生活质量,需要政府进行大量的公共财政投资。改革开放后,富裕起来的山区农户,不断寻找机会搬迁到交通及就业、就学更加方便的地区生活,加上地方政府政策的鼓励,一部分农户实现了异地转移。④然而当政府大规模推行异地转移的政策时,政府和农民的立场不尽相同。政府考虑的出发点较多关注成本与收益,过多关注异地转移带来的物质利益;而有些农

---

① 贺海波:《差序治理:国家与农村社会的分层互动——以后税费时期花镇为例》,华中师范大学博士学位论文,2014年。

② 祝天智:《边界模糊的灰色博弈与征地冲突的治理困境》,《经济社会体制比较》,2014年第2期。

③ 贾海薇:《县乡治理中的国家管理控制与乡村基层自治的互动》,《农业经济问题》,2013年第3期。

④ 朱圣明:《民生决策中的公民参与——一个地方乡村治理的新技能与新策略》,《公共管理学报》,2007年第3期。

民则从自身能力、政策和环境等多方面考虑,他们既关注异地转移所带来的益处,也更担心异地转移所带来的风险。因此,政府和农民对待这个问题不同的立场也造成了异地转移政策推行中的一些困难。因此,基于不同的利益动机,其行动者策略行动仍然游离于其个体的利益计算法则。

二、国外研究综述

多年来,学术界呈现出一种对西方语境下的乡村社会学的刻板性误解:欧美国家已然是发达型国家,其内生与外部发展都不存在乡村问题,以至于对乡村社会问题和乡村治理的研究演化为一种解构性的历史误读;更有甚者认为西方的乡村社会学失去了原有的学术意义,从欧美学术世界中"被消亡"。如上的学术和实践的"误读与曲解"在某种意义上激发了某些人的"超远的想象力",例如,中国行动场域中的乡村治理和"三农"问题仅仅只是中国进行工业化发展阶段必然需要经受的阶段性"遭遇",而这种"遭遇"终究会通过一种所谓的"强弱有别,扶强偏弱"化(农业份额持续减少、农村大量消失、农民主要迁移城市)的发展路径来化解。作为这一现代化进程下的学术科研副产品——乡村治理,其学术研究轨迹在最近几十年间的同步衰竭亦呈现可预见的发展态势。无论是宏观层面的国家视角,还是微观层面的社会视角,如上误读尚未建立在一种学术阐释和经验研究的基础上,而是以一种简单的现代化价值为取向,将"三农"问题和乡村治理的未来行动取向刻意假定为一种"工业化、城镇化和现代化"的逻辑顺序。

在笔者看来,如上解读凸显了一种极其粗放和粗暴的特质,无益于从横向和纵向维度来深度解读和阐释乡村治理的中西方实践经验。欧美国家的乡村治理研究和乡村社会学发展从20世纪60年代之后逐渐从社会学的主流研究场域中退出,自然学术主流话语亦呈现出一种淡出趋势(其研究内容在美国社会学的主流期刊亦不多见)。但在后发展阶段中与其他多学科(农业经济管理、人文地理学和区域发展学)相互融合,顺势重构出一种跨学科的乡村治理研究。①上述发展逻辑有利于我们考察和审视乡村治理研究的学术新视野,进而有助于从全局视野来观察和透析中国式的乡村治理问题。

(一)何谓乡村

一是实体视角下的"乡村"概念。实体视角对于乡村概念研究的解读更多强调的是,"乡村"是一个特有空间属性的场所,其内嵌了独立封闭的乡村社会边界的实体。事实上,乡村也是能够直接提供农产品及其与"三农"相关的生活生产等相互嵌入的社会关系体。以实体论为主的观点不得不承认,裹挟了农业、乡民和农业生产生活方式固化为一体的乡村社会结构在"现代性及其外显的现代化"浪潮后发生了诸多深刻变革。尤其在农业商品化、现代性及其内嵌的工业资本的入侵下,乡村社会和农业生产结构日益凸显一种"质变"效应,换言之,乡村空间内的农业生产日益与外部工业和第三产业相类似,更多依赖于外部市场、资本及金融和政府的宏观调控。逆向维度来看,乡村场域空间内部"自我供给、自我服务"的本我关系体被解构,如同 Bowler 所认为的"乡村逐渐失去或弱化了以农业为基础的空间含义"②。从这种解读来看,其外在表面可被认为是"城乡一体网络",换言之,城市与

---

① Marsden t T., P. Lowe & S. Whatmore, Rural Restructuring: Global Processes and Their Cloke, P. & N. Thrift, Class and Change in Rural Britmn. In T. Marsden, P. Lowe & S. Whatmore, *Rural Restructuring: Global Processes and Their Responses*, Fulton, 1990.

② Bowler, I. R., Some Consequences of the Industrialization of Agriculture in the European Community, In M. J. Healey & B. W. Hbery(eds.), *The Industrialization of the Countryside*, Geo Books, 1985, Bowler, I. R., Hie Industrialisation of Agriculture. In I. Bowler(ed.), *The Geography of Agriculture in Developed Market Economies*, Longman, 1992.

乡村被型构出经济和社会维度上的连续网络谱系,进而将两端的城市与乡村相互连接。但在这种解读视角下容易将研究的主体性纳入城市概念的主体之下,抑或如Marsden的观点,"都市以外都是乡村"[①]。这种观点实质上将"乡村"解读为"非都市"的社会空间,其后果是乡村性及其文化符号的表征意义自然在转型和治理过程就被城市文化所替代。因此,从这种意义上来看,"乡村"就必然需要坚持一种"乡村本体论"的思维。尽管以本体论的视角来看待和研究"乡村"有助于乡村社会性的集中体现,但其乡村内生和外源式的变化(人员、物品和信息日益流动、乡村人口的居住短暂性、人们行动的日益去地方化、村庄的新用途等)已然使得乡村实体概念难以界定、表征及解读,这也就是Mormont所认为的"乡村作为地域性空间的无法实现和被描述困境"[②]。

可以看出,乡村现实特征不断地呈现出持续可变性特征,其对乡村概念的匡正和解读势必会陷入如下两方面困境:其一,难以找寻出某一个抽象性词语来涵盖如此多变和多元化的乡村概念的内涵,即便以"乡村"这一词汇来表征出空间所有的共有特征,但其学术外显效应仅仅区分了"乡村与非乡村",甚至有学者将乡村孤立为一种特定的实体。其二,尽管在乡村空间性维度上以一种去空间化来抹去传统维度上的地理空间划分事实及其事实正当性,仍会在某种程度上淡化乡村与城市之间的空间联系与区位,或许这就是Lobao所认为的"'抹杀'了乡村"[③]。因此从如上解读来看,尽管诸多学者为实体视角乡村的学术概念化奉献了学术研究的努力,但其现实

---

① Marsden, T., J. Murdoch, P. Lowe, R. Munton & A. Flynn, *Constructing the Countryside*, UCL Press, 1993.

② Murdoch, J., P. Lowe, N. Ward & T. Marsden, *The Differentiated Countryside*, Routledge, 2003.

③ Lobao, L., A Sociology of the Periphery Versus a Peripheral Sociology: Rural Sociology and the Dimension of Space, *Rural Sociology*, 61(1), 1996.

解读和诠释效应仍然受到质疑。[1] Copp 在 20 世纪 70 年代就曾发出过论断："已经没有乡村和乡村经济了,这不过是我们在分析意义上的区分,修辞性的工具。"[2]

二是建构视角下的"乡村"。以实体视角对"乡村"概念的探讨中可以看出,如若试图去找寻某一单一化能够包容乡村多变性的概念是难以达成一致性论断的,但在学术研究和实践过程中发现乡村概念仍然是一种重要的分类方法,因此乡村概念化自然需要摒弃原有的实体论视角。学者 Curry 认为"乡村是一种世界观"[3],其理由是乡村场域空间内的行动个体的外部行为和意识决策都是受制于乡村现象、符号和感觉抽象的现实影响。事实上,乡村逐渐被现代性所裹挟的工商资本不断侵入所模糊化,传统地理区位的城市与乡村的二元分离概念模糊化。换言之,乡村作为原有传统地理空间区位下的"场所",其空间意蕴逐渐被消解,但其独处于社会空间的社会类型意义仍在持续发展。与以往的研究不同(例如纽斯比的社会实体的乡村概念),学者 Phillips 则强调乡村作为一种便捷的"分析工具",凸显和强化乡村概念在乡村治理研究中的标识性,但是这种标识性却偏向城市立场下现实研究困境的均衡性。[4] 为此,Halfacree 曾宣称,"后现代乡村到来了"[5],"乡村"作为一种后现代主义视角下的符号,并不显见于所谓的"乡村空间实

---

[1] Cloke, P., The Country, In P. Cloke & M. Goodwin(eds.), *Introducing Human Geographies*, Edward Arnold, 1999.

[2] Copp, J., Rural Sociology and Rural Development, *Rural Sociology*, 37(4)1972.

[3] Curry, J., Community Worldview and Rural Systems: A Study of Five Communities in Iowa, *Annals of the Association of American Geographer*, 90(4)2000.

[4] Phillips, M., The Restructuring of Social Iminations in Rural Geography, *Journal of Rural Studies*, 14(2)1998.

[5] Halfacree, K., Locality and Social Representation: Space, Discourse and Alternative: Definitions of the Rural, *Journal of Rural Studies*, 9(1)1993.

体",其他学者如Murdoch & Pratt等人对此赞同,其认为"后乡村时代就要到来"[①]。

以建构论视角来看"乡村",更大程度上将乡村作为一种社会建构,其学术意蕴体现在将原有对乡村空间的注意力转向"乡村何以被感觉(perception)、能指(signifiant)和表征(reseptation)","作为主体的乡民何以建构出自己的社会"等恒久命题的一种客观行动指向。当然,有学者[②]认为并不仅仅满足和诠释"乡村何以被感觉、能指和表征"就够了,更愿意把精力和学术旨趣将"乡村行动指向"转向"乡村建构(constituted)的方式"之研究。Pierce对此表示赞同,其研究的兴趣点主要集中在"乡村何以被乡民个体所体验,以及何以将想象力与日常生活实践相互内嵌?"[③]这一逻辑设问后续还触及"乡村性的构建何以影响'问题—政策过程—外部环境'的一系列课题"。但Cloke等人的观点更多凸显了乡村性在乡村社会建构的层级,具体囊括了国家与地方层级;前者国家层面上更多刻画的是乡村传统性的一面,换言之是"现代性的避难所"(Shelter of Modernity),而后者更多关注在地方层面上,即乡村何以被凸显,进而平衡乡民个体与集体之间的内生差异性。[④]

由此可见,乡村研究的转向从"实体维度上的物质空间"演变为"建构维度上的社会性与文化精神培育",更加注重了乡村性在乡村社会建构的重要性。正是基于裹挟了现代性的乡村转型,其乡村所内生和外入的多变性之

---

① Murdoch, J. & A. Pratt, Rural Studies: Modernism, Postmodernism and the Post-rural, *Journal of Rural Studies*, 20(2)1993.

② Woods, M., Rural Geography Processes, *Responses and Experiences in Rural Restructuring*, Sage, 2005.

③ Pierce, J. T., The Conservation Challenge in Sustaining Rural Environment, *Journal of RutoL Studies*, 12(3)1996.

④ Cloke, P. & M. Goodwin, Conceptualizing Countryside Change: From Post-Fordism to Rural Structured Coherence, *Transactions of the Institute of British Geographers*, 7(4)1992.

特征与矛盾会进一步充斥乡村主体研究视野和内容之中。如此种种研究或多或少都展现出这样一种现实图景:以社会建构的乡村有可能从原有的固化研究中解脱出来,进而成为被作用于乡村现实行动的内在资源。换言之,乡村性如何被整合甚至嵌入至乡村社会行动之中。

(二)乡村发展质量的历史演变

在这样一个"城市化社会"下,西方社会对于乡村的认知和乡村自身的发展转型,肇始于二战后一系列社会思潮和农业政策的变化中,乡村质量研究总体遵循着从"生产主义"(Productivism)到"后生产主义"(Post-Productivon)再到"多功能乡村"(multifunctionality)的认知演化路径。

1.生产主义:关注乡村生产质量

20世纪50年代初期,对刚刚走出二战灾难的欧洲国家而言,农业的政策被置于社会的核心地位,乡村因而被农业所定义,社会对于乡村价值的认知也被简单地限定在了粮食生产上,即使是在乡村文化盛行的英国,这一阶段中"农业例外论"盛行,农业生产在农地使用上拥有首要购买权。在"福特主义"盛行的生产机制下,政府出台了一系列措施来提高乡村的粮食产量,保障国家的粮食自给率被置于首要地位,粮食生产的工业化和商品化风行一时。[1]自上而下的财政补贴、农产品价格保护和粮食组织的扩张等生产的一系列政府在乡村功能上排他性的决策,支撑了乡村"生产主义"的发展。然而一味追求产业化和高强度的农业生产,也给乡村的生态环境带来了一定的破坏,这为后来乡村与农业系统的转型埋下了伏笔。

持有生产主义论的学者认为,所谓的"生产主义"不仅仅局限于农业发展与变迁,其触手已然渗透并嵌入乡村发展与乡村治理的各处。那么生产

---

[1] Flora, C., *Rural Communities:Legacy and Change*, Westview, 2004.

主义何以渗透并嵌入乡村各处？Halfacree[1]对此作了如下阐释：一是乡村区域是以具体而又特定化的农业生产行为来界定；二是西方语境下的"乡村"概念表达仍然是建立在农业概念的基础之上，甚至在某些地域是将农业与乡村相互等同；三是乡村生产主义已然嵌入乡村区域的市民社会的建设之中，换言之，乡村区域的日常性行为和生产生活是以生产主义视域来集中审视。但随着时间的更迭，全球化的浪潮袭来，农业经济转型与社会经济结构的重组所带来的挑战，促进了乡村的商业化和多样化。而这种多样化的乡村特征会进一步诱致逆城市化，如上的内生实质表征出"对乡村田园式生活的'回归与诉求'"[2]。因此，从这个意义来看，如上思想的转变凸显了乡村生产主义的"落后与粗鄙"，难以客观地匹配乡村生产与社会发展的需求。乡村生产主义面临着诸多现实要素和思想的问题禁锢，具体而言：一是乡村行为被迫解构，如何处理好生产过剩与生态环境的互动关系？二是乡村民众及其家庭生产所面临的不确定性的外部风险；更为重要的是"乡村"概念和能指表达已然无法以"生产主义"来刻画和支配。[3]

2.后生产主义：注重乡村消费质量

20世纪80年代中期以来，"生产主义"下的乡村发展遭到越来越多的批评，"后生产主义"的乡村发展认识开始出现。这一时期社会对乡村的认知逐渐与农业分离，对乡村的需求从农业生产转向乡村消费：[4]首先，乡村提供的产品应该是多元化的而不是专业化的。人们强调消费休闲导向下的乡村农业发展，英美如火如荼的郊区化现象也体现了这一时期对于乡村田园生

---

[1] Lee, D. & H. Newby, *The Problem of Sociology*, Hutchinson, 1983.

[2] Paul, H., The Rural Urban Continuum, *Socwlogia Ruralis*, 6(2)1966.

[3] Shucksmith, M., Farm Household Behavior and the Transition to Post-productivism, *Journal of Agrictdtural Economic*, 44(4)1993.

[4] Young, 1. M., *Justice and the Politics of Difference*, Priceton University Press, 1990.

活的向往；其次，西方国家停止了对农业的大额补助，放松了粮食自给的要求，一系列国家间粮食自由贸易协定的签订加速了这一"后生产主义"趋向的转型；最后，环保主义下人们提倡废除生化肥料的使用，一些环境友好型的耕作方式被推广鼓励。表1-5梳理了二战后"生产主义"和"后生产主义"阶段西方国家在乡村认知和乡村政策两方面的变化过程。

表1-5 生产主义与后生产主义下的乡村认知

	生产主义	后生产主义
乡村认知	农业占据社会中的首要位置，二战经历影响下对粮食安全高度重视，农业例外论，农民是乡村最好的保护者，乡村的田园思潮	农业去中心化，食品安全放松，农民是乡村（环境）的破坏者，社会和媒体对乡村印象的转变，乡村与农业的概念分离
乡村政策	强大的金融支持，政府计划、掌管农业，促进农民扩大粮食生产，农产品价格保护	政府减少直接的资金补助，逆城市化和新的乡村治理结构，促进环境友好型耕种，加强农业的规划管理

基于以上20世纪末与21世纪初乡村生产主义论断难以客观地呈现出乡村发展的现实图景，乡村后生产主义阶段得以到来。这一阶段下的乡村发展与生产主义下的"集中化、专业化"特征恰恰相反，其更多凸显出"分散化、延伸化、多样化"的新特征。[1]事实上，持有"后生产主义"论调的学者认为，乡村生产的"多样化"特征已从原先的乡村区域向外延伸至非农产业，这种外溢效应会随着全球化的浪潮愈发明显，在一定程度上诱发了"后生产主义"。正是基于分化的时代特征，后生产主义乡村得以形构。如上所谓的乡村分化模式进一步形成了多样化的村庄类型，诸如保护型、竞争型、家户制和代理人型等。[2]尽管呈现出多样化的特征，但其乡村的商品化特征愈发明

---

[1] Ward, N., P. Jackson, P. Russell & K., Wilkinson, Productivism, Post-Productivism and European Agricultural Reform: The Case of Sugar, *Sociologia Ruralis*, 48(2)2008.

[2] Maraden, T., Rural Futures: The Consumption Countryside and its Regulation, *Sociologia Ruralis*, 39(4)1999.

显,更为凸显的是其隐含了一种所谓的"去农业化"(De-Agrarianisation)之态。应该看到的是,在这一阶段内使用"后生产主义"的概念,究其原因在于:一是要凸显对原先阶段中"生产主义"的超越,这种"超越"会进一步消解原先的"消费田园、乡村性的倒退";二是能够涵盖并包容多样化村庄的多功能特征。事实上,后生产主义乡村概念和内涵受到不少学术研究者和实践者的追随,以此来实现所谓的乡村转型与乡村治理。[1]但是也应当看到对"后生产主义"论的批判:"温和派"认为应该以一种"地方化"(Territorialization)的视角来审视生产主义和后生产主义,这种地方化的视角客观呈现出乡村的多样化特征,绝大多数的村庄位于连续时间谱系之中。[2]换言之,生产主义和后生产主义下的乡村概念及其转型治理行为仍然是"多维共存并共在"于同一乡村时空之中;激进派认为后生产主义本身的概念内涵就显现出"模糊性和不确定"之特征,这种争议性的论断看似是一种"西西里的美丽传说"。

3. 多功能主义:兼具多维质量

进入21世纪,后生产主义这样一种去物质生产的乡村发展思潮,受到以荷兰、比利时、法国为代表的欧洲传统农业大国的质疑。一些学者提出"后生产主义",片面否定乡村的商品生产功能,对于乡村的认识应当以"多功能农业"的概念来取代——一个兼顾"生产主义"与"后生产主义"的平衡取向。[3]多功能农业被认为是一个提供多元功能的农业体系,包括粮食和纤维

---

[1] Friedland, W., Agriculture and Rurality: Beginning the 4 Final Separation, *Rural Sociology*, 67(3)2002.

[2] Smithers, J., A. E. Joseph & M. Armstrong, Across the Divide: Reconciling Farmland Town Views of Agriculture-community linkages, *Journal of Rural Studies*, 21(3)2005.

[3] Boody G, Vondracek B, Andow D A, et al., Multifunctional Agriculture in the United States, *Bioscience*, 55(1)2005.

的生产、环境健康和社会资本等。[1][2]在这一"多功能"的框架下,农业功能实际上存在着一个以"生产主义"和"后生产主义"为上下边界的多功能连续谱系,[3]不同文化背景下的每个农业社区在每个时期都能在这一谱系上找到自身的位置——这在时间和空间上给了这一认知框架以多元的价值和充分的弹性。从乡村空间的角度,乡村地理学者还进一步区分了多功能农业和多功能乡村的不同。多功能农业关注于周边环境的可持续、耕种强度和生产力、农场与国际粮食资本市场的融入程度和多样化的农业活动。多功能乡村则侧重于农业和乡村参与者的地方性嵌入,农业与乡村关系的本质、程度和持久性等。[4]同样是发达国家,不同资源禀赋、文化背景下的乡村有所不同,因此多功能乡村空间存在着一个模糊的边界(图1-5)。

---

[1] Kurkalova, Lyubov A., Multifunctional Agriculture: A New Paradigm for European Agriculture and Rural Development, *Land Use Policy*, 22(4)2005.

[2] Evans N., Multifunctional Agriculture: A Transition Theory Perspective, *Journal of Rural Studies*, 26(1)2010.

[3] Wilson G A, Wilson G A., Multifunctional agriculture: a transition theory perspective, *Journal of Rural Studies*, 26(1)2010.

[4] Vatn A., Multifunctional agriculture: some consequences for international trade regimes, *European Review of Agricultural Economics*, 29(3)2002.

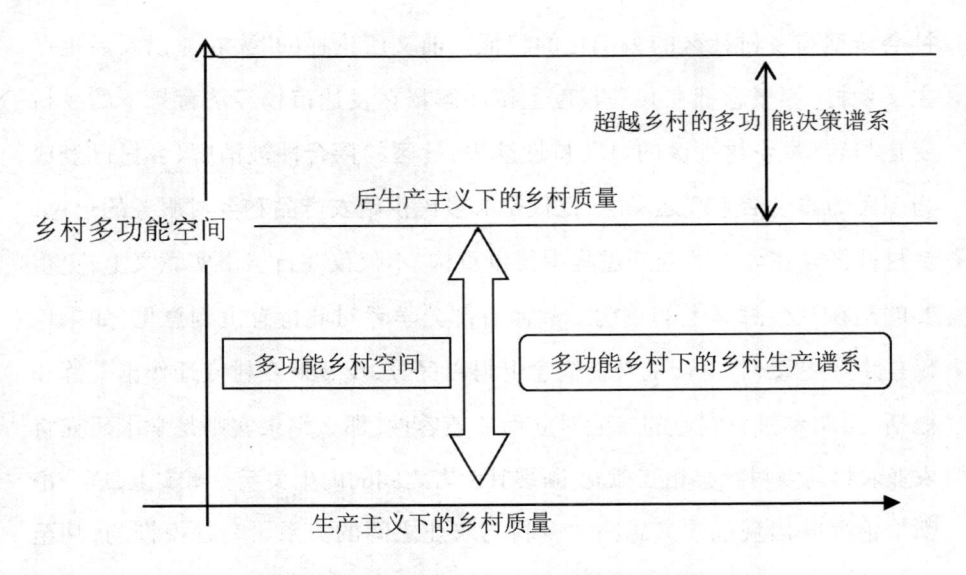

图1-5 生产主义、后生产主义与多功能主义的乡村

（三）乡村治理的转型

无论是乡村转型，还是乡村治理的研究，其论断在本质来看，凸显对乡村转型在认知和认识层面的变迁，并强调这一变迁内在因果要素的多样化。此外，亦不可忽视同一要素在异质性的地域和方式之间的关联效应。事实上，社会学意蕴下的社会转型研究总是在强调"社会主体在行动结构和生活事实的变迁过程中的质变"，但是不可将简单的社会变迁理解和诠释为社会转型。由此，从上文关于乡村从"'实体乡村'转向到'建构乡村'""从'生产主义'转向到'后生产主义'"的乡村转型研究，这种阐释的关键在于如何厘清并审视乡村转型中的"去农业化、去社区化"问题，更多的是在行动伦理上是否合理且恰当的问题。

一是去农业化。从Smithers(2005)等诸多学者的文献中可以看出乡村转型过程中的乡村功能性要素的再分配问题的探讨，其更多表明的是乡村社会转型与乡村社区的去耦化的特征。前文所论述的"去农业以及后生产主义乡村"等概念都在某一程度上试图解释在发达市场经济背景下的乡村变化与转型,乡村社区的自我特性缺失,社区的耦合性被消解,乡村已经成为乡民的非生活生产之场所,仅仅是非乡民供给农产品和乡村服务的角色,乡村社区亦在如上的变迁过程中得以重构,不仅仅在自然事实意义上,更重要的是在社会意义上的重构。然而有部分学者对此持有批判意见,如果仅仅是生产主义、后生产主义在概念上得以区分,反复对乡村变迁作出凝练和概括,强调乡村与农业的二元对立而非兼容性,那么结果实则是学术研究将农业农村与乡村社会相互孤立,断裂其两者之间的内生关系。事实上,这一论断恰恰反映出现代主义思潮对乡村与农业之间的关系研究是模糊的,甚至在某种程度上是一种回避,由此其后续的研究必然是分裂关系,这二者内在的可延续的耦合性及其所再生的新链接会被所谓的学术研究消解。

因此,Friedland认为理论研究要自觉地超越农业发展与乡村社会研究的二元背离困境,对此Smithers亦赞同如上观点,乡村治理和乡村转型研究的关键是提供一种普适性的经验和在地化实践知识,而非简单式提供某一种概念化的表达。梳理西方语境下的诸多学者的文献可知,批判意见主要集中在如下三种共性观点:首先,农业生产作为经济行动,其必然需要嵌入社会行动及其关系网络之中,逆向维度来看,乡村治理与转型必然会被农业生产中的社会关系网络所影响;其次,乡村作为一种意识形态长存于其制度空间之中,依托于其所俘获的政治条件而形塑乡村经济与社会发展;最后,乡村生产功能弱化并逐渐得以解构,进而社会功能日益凸显,但这不足以反衬出乡村社会要与农业生产相互分离,而恰恰需要学界人士对乡村转型研究作出回应和解读,乃至化解这一"二元背离悖论式"的困境。

二是去社区化。事实上,在乡村治理和转型研究中,"农村社区"和"乡村"是需要被探讨的一对概念。"社区"这一概念自滕尼斯在《社区和社会》中提出之后，社会学视野下的社区大体上分为如下三种：一是指某一场所，社会成员及其群体之间相互影响；二是指一种社会关系的集合体系；三是描述社会个体及其群体共在抑或非共在同一个时空中所能形构的共同的认同感。随着城乡融通进程的加快，城乡收入差距的缩小，乡村社会生活的时代变迁，都进一步引致了传统乡村社区的解体，乡村社区要素的日益分离，社区共同体价值的流失，乡村社区面临着解构之风险。Paul认为如若只是简单地将乡村社区关系强行嵌入地理空间，这种逻辑是一个"无意义的行动"，而应当阐释的是社会行动者的乡村社会关系。事实上，乡村"去农业化"已然引致了乡村"去社区化"。一部分中产阶级居住在乡村，并非在乡村生产与生活，而是为了寻求某一特定社区来消遣，仅仅只是借助于传统乡村社区的空间。此外，乡村社区概念存在内在的断裂性和异质性，但其能具有概念的有效适用。因此，乡村和农村社区在时空与地理层面上仍有概念的适切性，将两者概念耦合有助于实现乡村社会场域空间内的社会协同。①

综合观之，对乡村研究"去农业化、去社区化"的批判，会促使学术研究从原先二元对立的困境中转移出来，并尝试转变当下现代主义视角下的乡村研究，形塑出如Murdoch所论的"乡村发展纵向和横向网络研究新范"。尽管这种学术努力在单维度是"软弱乏力"的，因全球化使得世界场域下的乡村变迁议题面临解构，但其不仅仅影响发展中国家的乡村，对西方发达国家的乡村研究仍然具有瓦解效应。②面对后现代主义思潮的到来，乡村转型已然从自然资源转向乡村的内生文化。然而这种学术研究价值在于其或多或少阐释了"全球化浪潮下的乡村并非只是简单的衰败和消亡"。原因在于：

---

① Furuseth, Owen, J., Restructing of hog farming in North Carolina: Explosion and implosion, *Professional Geographer*, 1997.

② Dubois P., Moral hazard, land fertility and sharecropping in a rural area of the Philippines, *Journal of Development Economics*, 2002, 68.

"乡村回归"的期望似乎根植于乡民的血脉之中,其内生知识和文化体系会不由自主地觉醒,进而被外部空间的"中产阶级抑或他者群体"得以解构和重构,从而演化为"现代性的避难所";更重要的是,无论社会发展到何种阶段、何种境地,乡村在社会组织系统中仍然扮演着无法替代的角色。乡民及其群体仍然会对乡村社会与经济发展作出应有的自然回应,地方性制度安排和政策选择仍旧促进抑或抑制乡村社会的转型。因此,从这个意义来看,对其"去农业化、去社区化"论断,或许会激发乡村性的现实回应,进而在全球化中实现乡村的被动适应。换言之,以乡村性的自我本体效应实现自我的反控制。

三、研究述评与本书的定位

(一)研究述评

通过梳理国内外关于乡村治理及乡村发展的既有文献,其局限在于,过分坚持一种城镇化偏向的发展路径,实质仍未超脱于目标数量式管理逻辑,未能摒弃追求"高质量维度"的治理,更为重要的是忽视了乡村社会本体的建设与发展。

1.城镇化的主导发展偏向,忽视了乡村社会主体性

首先,把"以工补农,以城带乡"认为就是工业反哺农业,城市带动农村发展,片面地认为是先工业后农业,先城市后农村。其实这种以偏概全的理解是失之偏颇的。其次,"以工补农,以城带乡"容易导致一种城市化偏向逻辑,带我们甚至带农业和农村走向一个盲区,即乡村自己失去了乡村自身发展的主动性。换言之,城市化偏向发展的主导逻辑,实则忽视了乡村本体自主的社会性的回归。毕竟,乡村建设和乡村振兴还得靠乡村主体性,其他都只是外因,内因才是关键。反之,则容易导致的结果就是,一方面乡村在工

业化的过程中在前进,但慢慢在变化甚至消亡;另一方面农村跟不上城市工业化的步伐,差距日益拉大,农民纷纷进城,给城乡一体化发展带来压力,乡村社会性被不断入侵乡村的现代性所消解。因此,在某种意义上,城镇化主导的偏向发展路径,忽视乡村社会主体内生发展的逻辑,无益于乡村主体的"社会性"的建构。

2.重任务数量、轻质量的目标管理逻辑

既有的文献反映出,"重数量、轻质量"的管理逻辑仍然长期存在于乡镇政府及村委会的日常运作过程中。事实上,面对中国地域之广、行政系统层级庞杂的国情,它的运作有其合理的一面,但更多显现出其羸弱之面,具体而言:自上而下的压力机制所要解决的问题就是政令不通和行政系统的"慵懒、暮气沉沉",它可以使中央与地方政府急需解决的问题快速到达乡村层级场域。

首先,在目标设置主体单一化的情况下,压力型体制一般只考虑那些仅被上级政府认为重要的目标,也即乡镇政权组织所说的"硬指标"。这种目标设置方式不仅忽略了基层政权组织执行目标的实际能力,而且忽略了那些被基层政府或民众认为至关重要的目标,这不利于形成良好的地方治理秩序。

其次,当压力型体制的目标设置和激励强度与基层政权组织的现实能力不相匹配之时,就容易诱导基层政权组织以造假、"共谋""摆平"等非正式的权力技术来应对压力型体制中的高指标。从政策执行的效果来说,某项政策是否切合实际,作为基层乡镇政府应该最为了解。但压力型体制缺乏有效的信息反馈机制和上下级之间的协商机制,以及必要的纠错功能,从而导致其目标设置和激励机制越来越脱离实际,由此加剧了基层政权组织的非正式运作,最终形塑了策略主义的运作逻辑。

压力型体制的作用机制表明,如欲重塑当前乡镇运作的策略主义逻辑,首先势必将目标设置主体的单一化转为多元化,即将目前类似于"单轨"运行的压力型体制转化为自上而下与自下而上相结合的"双轨"运行机制,从而在目标设置中引入那些不能产生经济效益,但对农村生活和乡村社会秩序至关重要的事项。

其次要从作为指挥棒的政策上传导出重质导向,乡村振兴中的其他体系、各个环节才能进行相应调整,同时相较数量,质量更为内在、主观,不易评判,但并非没有办法,可以用指数进行考核,各环节要做实做精做细,制定精准考核体系。要重视宣传指导,在增强质量理念、质量意识的同时,才能实现乡村振兴的高质量发展。

综上所述,既有的中西方文献更多是从外部嵌入型治理逻辑出发,一味地关注既有政绩和考核任务指标,偏向于目标数量层面的增长,过度追求经济维度上的乡村发展,忽略了乡村本身的社会主体性逻辑,尤其是对乡村社会质量内容的关注。

为此,本书以社会质量理论来审视当下乡村振兴研究,基于乡村社会维度,希冀建构出乡村振兴的社会质量的理论框架,以期化解乡村振兴的固有顽疾。换言之,本书在知识增进上,有两方面的努力:一是在社会质量框架的基础上,对乡村振兴和社会发展进行了系统性概括,提出新的内在框架;二是着重从"制度支持—行动者—四维结构要素"建构其理论框架的内容体系,并从这三个维度来系统理清乡村振兴的内在理路,以期提升乡村振兴的治理质量。

(二)本书的定位

乡村治理背后意蕴了何种价值命题,成为理解和诠释当下乡村社会治理的关键所在。

一是社会发展与经济治理的二元态势从自然经济时代的平衡状态向当

第一章 绪论

下时代的失衡状态转换。百年来我国乡村社会治理的演变历程,其恒久命题是国家与社会的关系,在工业化革命之后,乡村社会发展的主题又必然地嵌入外部市场经济的要素,国家、社会、市场的三要素在乡村社会治理的各阶段中互往互动。20世纪启动市场经济体制改革,将"经济发展为第一目标"转变为中心议题,乡村治理有所凋敝,社会政策及社会治理转变为经济治理的"副手"。此阶段的乡村发展局面无疑与社会治理的缺位有所关联,断裂了乡村社会治理的实践步伐。随着改革开放的不断深入,乡村社会治理所面临的诸多问题逐渐显露,实质转变为如何认识和处理经济与社会发展之间的关系,这也为当下的乡村社会治理提供了可操作性的实践空间。[①]从这个意义来看,乡村社会治理议题本质上要重构出乡村社会的"社会性"意蕴,其与社会质量理论的内核是相互一致的。因此,如何重建出高质量的乡村社会,需要将"社会质量"理论内嵌于乡村社会治理中。

二是乡村治理的关注导向是从生活质量向社会质量转变。改革开放以来,在以经济建设为中心的社会发展模式下,乡村社会生活发生了日新月异的变化,乡村物质生产与供给体系趋于全面,生活水平显著提高,生活质量呈现出"增量"式变化。但早期的唯GDP增长的地方政府发展观严重制约了乡村社会治理,并滋生出诸多现实困境,如贫富差距、强人与弱势群体的差异、土地征用、邻里冲突、社会结构分化、劳动力外流等。[②]当下中国乡村治理与发展过程中出现了颇为矛盾的现实图景:一方面,乡村社会公众的生活质量和社会福祉获得了持续性的改善;另一方面,乡村社会公众的负向情绪日渐蔓延,尤其是新生代农民工群体,其对社会满意度与幸福感表征出"减

[①] 孙秀林、梁海祥:《社会质量测量指标的信度与效度分析——以社会经济保障维度为例》,《江海学刊》,2014年第6期。

[②] 张海东、石海波、毕婧千:《社会质量研究及其新进展》,《社会学研究》,2012年第3期。

量"趋势。①物质需求的实现并非社会幸福感的全部,基本物质需求得到满足之后,乡村社会民众不仅局限在一般层面上的生活质量,而是体现在精神层面的社会价值追求,"以乡村社会福祉的提升"为乡村治理的中心点。

此外,学术界所诠释的乡村治理,其基本指向是多元化行动主体在既定时空场域下能够相互协同,并发挥其主体功能力量,从而对乡村社会生活、乡村公共事务和乡村社会组织等加以合作治理,重构稳定的社会秩序,进而提升社会质量。②社会治理本质上摒弃了传统社会发展"以物为本""唯经济增量为主"的观念,强调社会主体的行为与社会全面发展的本质观念,以便于社会主体能够享受到制度改革所惠及的成果,这与社会质量的取向有异曲同工之效。社会质量与社会治理从实质来看,都强调"社会性"的本体要求,最终都是要实现个体与社会的全面发展,提升社会福祉。此外,社会治理与社会质量亦昭示了个体与社会必然要以社会交往为实践载体,充分促进个体与社会的广泛参与。综观社会质量理论的溯源,其延续了孔德、迪尔凯姆等人社会本体导向的传统社会学思想,强调社会人在集体行动与社会的相互关联,本质上要求社会性的立论逻辑,坚持个体与社会和谐共存的一致原则。因此可以说,社会质量理论映射出"社会性"的回归,其与以人为本的内涵并非矛盾,同时将衡量社会发展的标准拓展至宏观视野下社会性回归之议题。

综合观之,社会质量与新时代下的乡村治理在本质上具有契合性。由此看出,观察和审视当下乡村治理现象和实践困境,以社会质量理论来把握和厘清乡村治理的应然逻辑,有助于消解乡村治理研究问题的内在张力的主体结构性风险。更为重要的是,借助于社会质量理论无疑将会产生理论

---

① 闻英:《社会工作对增进社会质量的可能贡献》,《东岳论丛》,2012年第1期。
② 吴春梅、邱豪:《论乡村治理中的沟通网络》,《理论探讨》,2011年第3期。

诠释的助力效应,这亦构成本书的研究价值和学术意义。

第三节 研究方法、创新与不足

一、研究方法

(一)文献分析方法

文献分析法主要指搜集、鉴别、整理文献,并通过对文献的研究,形成对事实科学认识的方法。通过对现有国内外相关文献资料的搜集、分析和整理,了解乡村振兴研究在中、西方世界中的历史发展脉络,以及国内外学术界关于社会质量理论研究的现行进展情况和理论发展动态,同时剖析社会质量理论内在框架及其核心构成要素,以此探究其理论内核对"政府主导的乡村振兴"研究的契合处。

(二)实地调查方法

实地调查是应用客观的态度和科学的方法,对某种社会现象,在确定的范围内进行实地考察,并搜集大量资料以统计分析,从而探讨社会现象。

选择江西省赣东北JW镇D行政村(DL、XL、HXZ、HGS自然村庄)、浙江西部SZ镇GTS行政村(HY、PK、SK自然村庄)等村庄作为调查对象,通过实地调查、深度访谈等方式充分了解和掌握上述样本村庄在"推进美丽乡村"等方面的实践做法、成效和经验等。

(三)比较分析方法

可以理解为根据一定的标准,对两个或两个以上有联系的事物进行考察,寻找其异同,探求普遍规律与特殊规律的方法。

本书运用纵向比较方法考察不同村庄在推进"美丽乡村、精准扶贫"等乡村振兴在落实任务性事务的具体举措,考察不同村庄的乡村振兴质量之差异性。

二、可能的创新之处

(一)研究视角维度上的创新之处

本书致力于社会质量理论视角来审视政府主导的乡村振兴的问题研究,强调对乡村社会的主体性之思考。社会质量的本体要求在于社会性的集中体现,而"社会性"在当下中国语境下意味着整体性改革的创新,让乡村社会共享乡村振兴及基层治理能力现代化的改革成果。同时社会性更突显了新时代下"社会人"对于"社会性"的积极争取。本书基于社会质量理论的视角,同时立足建设"美丽乡村"的大背景,客观评价调研样本村庄践行乡村振兴战略的实践成效,充分肯定乡村振兴的成果,重点从社会质量理论框架中的"制度—行动者—四维结构要素"探讨政府主导的乡村振兴问题,最终提出完善和保障乡村振兴的长效机制。

(二)研究内容维度上的创新之处

一是本书借鉴欧盟社会质量委员会所倡导的社会质量理论框架,从制度(宏观层面)与行政者(微观层面)的内在张力关系入手,有序地剖析了乡村振兴问题,进而利用社会质量框架中"四维象限一体"的结构性要素(社会经济保障、社会凝聚、社会包容、社会赋权)来对具体乡村振兴实景进行内生性分析,以期甄别村庄治理具体的实践困境,最终为提升和保障乡村振兴质量的路径选择指引方向。

二是基于社会质量理论内容体系,将乡村社会质量的内容体系进行本土化建构,借助于调研点所开展的半结构性访谈收集第一手资料,以期能够有效衡量出乡村振兴的实践成效。此外,依据所得出的科学结论来尝试辨识、评估与检验乡村振兴内在关系,最终能够为提升乡村振兴质量的对策路径提供科学的指导。

三、可能的不足之处

一是囿于实地调研时间、访谈资料的不足,个体掌握的文献材料、理论体系不充分,本书可能在理论解读和实践分析等方面不够深入。再加上客观现实条件(调研样本的选点、资料收集采集的代表性问题)存在一定的局限性。如上种种主客观条件因素都在某种程度上会影响本书的最终结果,这亦成为本书后续研究中需要改进的空间。

二是从研究主体内容来看,对于社会质量研究,尤其是乡村社会治理质量的研究还处于起步阶段,尤其是对尚未建构出实证测度的主体内容研究,这是本书短板的一部分。事实上,亦如上述所论的对乡村振兴质量的实证研究将会成为笔者今后学术研究重点关注的内容。

第二章 理论基础与分析框架

第一节 社会质量理论

一、理论创生背景

社会质量理论是近年来在欧洲流行起来的发展社会学理论,在20世纪90年代后期由欧盟学者首先提出,并且在学术界迅速得到认同。社会质量理论的创生和发展是植根于特殊的历史阶段下其社会发展规律变化所引致的理论创新。具体而言,欧盟社会政策的整合及对经济型政策的摒弃进一步催生这一理论。在组构欧盟一体化的初期阶段,单纯追求经济增长,而忽视社会整体福祉的提升,诸如 *The Treaty of Rome* 等,对社会政策问题鲜有提及,涉及的部分把更多关注点落实在本国的经济发展政策上。

事实上,这一历史阶段中对社会发展与社会建设等方面相关的社会政策的内容极其有限,仅仅涉及社会工人阶层的权益。同时,由于各国在经济政治等方面的发展上有较大差异,欧盟一体化的政策制定者也将场域内统一化政策方向和受益对象限制在特定行业之中。[①]但是随着经济政策的持续整合,社会不稳定风险勃发,社会矛盾日益突出,政策制定者无法逃避所有的社会问题,比如工人如何实践自由迁徙权力,移民如何获得正常的社会保障,如何避免就业中的性别歧视问题等。由此,如上的社会化困境必然会被上升到欧盟一体化改革的议程。

事实上,经济领域的增长已经无法满足各个国家之于经济与社会的均衡政策整合需求,此时社会建设与发展所需要的基础性社会政策的外显效应日益凸显,对经济社会发展的改革呼声需要得到回应。因此,理事会成员国于1950年11月4日签署了《欧洲人权公约》,从公民的社会、经济等基本权利层面规定各个成员国的社会政策底线。此外,随着欧盟不断向欧洲东部扩张,欧洲中东部国家大量进驻欧盟,大批中东欧国家加入,新入盟国家与老成员国之间的经济差距,进一步致使欧盟成员国之间的贫富差距效应愈发明显,欧盟集体财政压力随着扩展时间的推移愈发加剧,欧盟将承受总体经济水平下降的风险。

囿于欧洲中东部国家经济滞后,这部分国家的首要发展目标集中在经济增长与社会就业等方面。由此看出,应然层面下社会政策及其社会建设的成员国一致地被各个国家实际情况所消解,并且这种消解之势呈现显著性。如若一个国家的经济型要素的增长作为其国家的显著性追求,那么其社会性需求就会减弱,至多只能落在次等区位。[②]欧洲场域上的社会建设及其社会政策发展并没有如这一历史阶段中的民主建设而发生一致性的制度转型。到了20世纪70年代后,社会政策发展及其社会建设进入了一个

---

① 艾伦·沃克、张海东:《社会质量取向:连接亚洲与欧洲的桥梁》,《江海学刊》,2010年第4期。
② 张海东、石海波、毕婧千:《社会质量研究及其新进展》,《社会学研究》,2012年第3期。

相对缓慢的时间节点。尽管欧洲场域上实行了"社会行动计划（Social Action Plan）"，其重点关注内容仍集中在社会系统要积极保护社会工人应有的权益。[①]

因此，在大力推动欧洲经济型共同体的建设之时，已然将欧洲社会建设的行动进行转向，价值导向的归属落于社会政策及其行动价值的一致性，同时将经济与社会发展目的转向提升社会行动者生活水平。但是在这一实践节点内，欧洲各国及其欧盟的首要发展任务仍然集聚在各个国家的经济增长上，而社会政策的均衡性及其风险稳定性仍然是国家政策和欧洲政策制定者的次后考虑内容之一。但应该肯定这一历史时期下，欧盟国家的社会政策的诸多行动新转向，从原先的经济发展与市场活力转到社会救助服务和社会稳定发展等。[②]

总体来说，欧盟成员国不断地向欧洲中东区域的扩张，在某种意义上增加了欧洲社会政策一体化进程的风险，延缓了整体性发展的步伐。此外，囿于各个成员国的地域范围、历史积淀、文化渊源、政治制度、社会认同等维度上的异质性差异，且随着时间的推移其异质性效应愈发凸显，而各个成员国的资源禀赋存在差异等，都使得各个国家在面对一致性欧洲社会政策之时所表现的认知程度与认同感的偏差度越来越高。[③]我们可以这样认为，整体性的欧盟社会政策制定在这一历史阶段中的难度系数越来越高，欧洲社会发展的风险系数亦在此增加，如何把握和审视当下的社会政策发展是当时欧洲主席团和各成员国所面对的现实问题。

---

① W.Beck, L.J.G. Maesen v d. and A.Walker, eds., *The Social Quality: a Vision for Europe*, Kluwer Law International, 1997, pp.6-7.

② European Council, *Presidency Conclusions*, Press Release, 2000, p.6.

③ A. Walker, Social Policy in the 21st Century: Minimum Standards or Social Quality?, *The 1st International Symposium and Lectures on Social Policy*, Nankai UniversiLy, 2005, pp.11-15.

第二章 理论基础与分析框架

当时间的钟摆指向20世纪八九十年代,欧洲社会场域下的经济复苏却呈现出缓慢的迹象,各类社会发展和建设问题层出不穷,移民问题、宗教问题、文化冲突等,在某种意义上限制了这一历史阶段下的欧洲社会发展。[①]更为突出的是,欧洲社会民众的社会参与及其政治参与热情和积极性显现出递减效应;与此同时,欧盟成员国国家内部的各个政党遭遇了组织能力"治理危机"。

正是在这样的背景下,在欧盟场域空间范围内,无论是学术界,还是政府都在开始反思经济发展与社会发展之间的关系,并且逐渐形成和达成了新的一致共识,转向以社会政策发展为核心的社会建设是一种必然趋势。[②]由此看出,从这一历史时期之后,社会政策俨然从最初的附属经济政策的次等地位转到了独立性地位。从1994年"设计社会政策的白皮书"(A Paper on The Design of Social Policy),到1997年"阿姆斯特丹条约"(Treaty of Amsterdam),再到2000年"社会政策议程"(Social Policy Agenda),这一系列社会政策发展指南的历史演变,都在某种意义上昭示了欧盟及其成员国经济发展与社会发展、社会政策之间的关系。与此同时,逐渐厘清了其内在相关影响、相互形塑的逻辑,社会政策日益构建一种独立之价值。[③]

换言之,从社会公众视野中的"边缘"区位朝向了"中心"区位。事实上,就欧洲社会政策的整体性制定来说,其原先制定局限于经济政策,朝向了经济与社会政策的均衡性,此外,社会政策所制定的政策受益对象边界从保障工人基本权益朝向了全体社会成员的全面发展与拓展建设的空间,集中彰显了社会成员的整体能动性之考察,社会成员的个体素质提升的同时需要

---

① 林卡:《社会政策、社会质量和中国大陆社会发展导向》,《社会科学》,2013年第12期。

② L.J.G. van der Maesen, Social Quality, Social Services and Indicators: A New European Perspective? Amsterdam, November 2002, p.7.

③ Amartya Sen,任赜、于真译:《以自由看待发展》,中国人民大学出版社,2002年,第85页。

摒弃原先的资源再分配导向,以促进社会个体在应对社会风险的整体性能力之提升,最终实现社会福祉的整体性提升。[①]如上的行动逻辑和价值导向的现实转化,在某种意义上刻画了欧洲场域空间内部在社会政策及其社会建设领域的理论突破。实际上,各方主体都希冀于找寻出一种社会政策的创新理论,以此来纠正经济增长与社会发展之间的偏差顽疾,为建设可持续的欧洲社会提供一种行动化的理论指南。

基于如上的梳理,不难看出缘何社会质量理论会被创生于欧洲场域,无非是欧盟经济转型与社会建设发展之间的非均衡性。有学者认为,提升社会政策的发展价值,倡导社会质量理论评价体系的关键在于规制和厘清社会主体与他者主体(国家与市场)之间的"主体性边界(Subject boundary)"。换言之,在论述一个社会的发展之时,不仅仅需要夯实社会基础(政府治理与经济发展),更应当注重以社会政策为核心的社会自主治理能力之建设,简言之,强化社会本体的社会性之要求,关注社会政策的价值导向,无疑会助推社会的可持续发展。[②]总的来说,欧盟场域下的经济政策与社会政策历史流变下的均衡性转型,恰恰为社会质量理论的创生和发展提供了重要的契机和动力。也正因为产生于欧盟新的治理空间中,社会质量理论才有更多的实践可能。

二、理论溯源

当代欧洲学者对社会科学的基础构建贡献诸多,例如在社会政策领域,Titmuss、Townsend、George、Wilding、Taylor-Goody 为确立当代社会政策理论

---

① Midgley.J., The Challenge of Social Development: Their Third World and Our'S, *Social Development Issues*, 1994, Vol.16(2).

② [美]詹姆斯·米奇利:《社会发展:社会福利视角下的发展观》,格致出版社,2009年,第29页。

假设及分析框架奠定了坚实基础。但这些理论传播至非欧洲场域社会时，必然经历了一个"适应、改变和修正的过程"[①]。以此类推，这种情况同样适合于解释社会质量的研究进程。当欧洲学者创立社会质量理论，其最初的目的是将欧盟的发展进程视为一个经济整合的趋势，而非一个社会整合工程。早期的社会质量理论指出了这种对社会进程的新自由主义和个人主义诠释的负面效应，提出了基于"社会关系网"来解释的途径。社会质量的状况是通过对社区公民在社会与经济生活的参与程度加以度量确定的。由此，社会质量理论所倡导的以公民为中心的政策导向势必会削弱以市场经济为导向的发展原则。在欧洲社会质量基金会的努力下，这些理论观点在21世纪初传播到亚洲社会。而在欧洲学者看来，采用这一理论进行研究的难点在于"舶来品"的理论假说能否与他们所处的社会背景相协调。[②]若答案是肯定的，那么它能否有效地满足亚洲各国政策制定的实际需要？对这些问题的回答促使我们的注意力转向社会质量理论的溯源、内在分析框架和它对于非欧洲社会的适用性。

  随着西方学者对社会发展研究的深入，各种学术新作被翻译成中文。通过梳理西方学者对社会发展研究的文献可以发现，社会发展研究已然实现了哲学认知的两次跨越：一是摒弃了传统以"GDP增长"为中心的议题，打破了片面以经济增长为主而忽视社会发展的传统观念；二是在社会发展过程中不存在唯一的发展模式，亦未出现一种普适性的发展模式。这就决定了今后一个阶段内社会发展研究将面临一个方向性的选择，换言之，社会发展研究要实现新的范式转化，而社会发展研究的上述两个断裂为社会发展

[①] L.J.G. van der Maesen, *Social Quality, Social Services and Indicators: A New European Perspective?* Amsterdam, November 2002, p.7.

[②] Taylor. Gooby, P., The Rational Actor Reform Paradigm: Delivering the Goods but Destroying Public Trust?, *European Journal of Society Quality*, 2006, Vol.6(2).

研究新范式的建立提供了先机。[①]基于上述两次认知,社会发展研究的重心转到个体发展与社会发展之间的平衡关系,以及如何全面提升社会福祉及潜能,换言之,社会发展研究的关注点将集中到社会的质量研究,这就需要建构出一整套概念、理论、指标体系,以期测度出某一特定社会的质量,进而来判定这一社会未来的发展走向与趋势。

而从中国实践来看,建设和谐社会在本质上要求提升社会发展的质量,使得所有人能够全面地参与发展和共享发展的福祉,而这已然成为当下社会发展研究的一个现实命题。[②]但社会质量本身是缘起于欧洲场域的新生理论,它对于非欧洲社会的适用性,以及在多大程度上检验其在中国本土的可操作性也逐渐成为需关注的话题。[③]探究社会质量理论的适用性,要研究不同于中国社会的欧洲社会制度及规范背景因素对社会质量理论传播进程所具有的影响,更为重要的是要厘清社会质量理论的内涵及其理论框架,同时梳理欧洲有关社会质量的指标体系,以便审视社会质量理论在非欧洲场域下的适用性。

在社会发展过程中如何去衡量并评价一个社会的好与坏,换言之,以何种方式去评判某一个社会发展的质量如何,从目前的既有文献资料和社会发展理论来看尚未能给出一个满意的答案。究其缘由,传统社会发展研究理论尚未对其质量进行反思性的探究,仅仅只是为了探索社会发展的模式抑或道路。此外,既有文献并没有建构出一套系统性的测度工具与方法,以便于测度出在一定时间阶段内某区域的社会发展质量。

而以经济学的视角来看,通过建构多样化的指标体系,进而从横纵向维

---

① Beck, Wolfang et al., *Introduction: Who And What Is The European Union for?*, *Social Quality: A Vision for Europe*, Kluwer Law International, 2001, pp.1–16.

② Beck, U., *Risk Society: Towards a New Modernity*, Sage. 1992.

③ 张海东:《从发展道路到社会质量:社会发展研究的范式转换》,《江海学刊》,2010年第3期。

度来比较实体社会之间的差异是可以做到的。但经济学的方法忽略了"社会性"本身所兼具的不可控力,由此亦无法全面评价一个社会的发展态势及其未来的发展质量。[①]自20世纪30年代提出"GDP"概念,其在后续较长时间段内作为评价社会进步的一项重要指标而存在。将"GDP"作为社会进步的衡量指标的最大缺陷在于以"经济性"指标来衡量社会发展中的"社会性",必然无法有效体现出社会发展过程中广大社会民众所追求的"社会公平、社会正义"等价值。对此,现代经济学家逐渐意识到"以经济评价社会"的局限,"唯GDP"论的经济建设发展观无法适应时下的社会发展需求。因此,试图建构新的社会发展话语体系,以期实现对当代的"GDP"社会发展话语霸权的最大超越,进而将社会发展关注点集中在"社会性"。[②]在此,诺贝尔奖获得者印裔学者阿玛蒂亚森提出了人类发展指数(Human Development Index,HDI),这一发展指数后来被联合国相关机构所认可和接受。尽管HDI的指标体系较为简单,但其将关注点转向了"社会性",超越了原先社会发展研究的关注点。随后的美国学者加尔布雷斯的"生活质量"理论进一步将社会发展研究的关注点转向了"社会性"。

毫无疑义的是,社会大众已然在关注社会发展的质量层面上达成一定的心理共识,尽管在多数境况下并未使用"质量"这一概念。但在世界范围内,追求社会的和谐实质上是建立高质量的社会发展。[③]因此,建构出一整套理论体系和测度方法,以此来评价一个社会的发展质量,这将是社会发展研究在世界场域内的一项重要议题。

---

① Taylor. Gooby, P., The Rational Actor Reform Paradigm: Delivering the Goods but Destroying Public Trust?, *European Journal of Society Quality*, 2006, Vol.6(2).

② Beck, *Wolfang et al., Introduction: Who And What Is The European Union for?, Social Quality: A Vision for Europe*, Kluwer Law International, 2001, pp.1–16.

③ Beck, U., *Risk Society: Towards a New Modernity*, Sage, 1992.

社会质量、治理有效与乡村振兴

20世纪90年代,为了应对欧盟经济发展与社会发展的非均衡匹配,欧洲学者创建了"社会质量"概念,以此来评价欧盟各国的社会发展状况。该概念自提出后受到学术界和社会实践界的高度关注,尤其欧盟更是致力于推广这一社会发展理论,甚至还成立欧洲社会质量研究基金会(Foundation for Europe Social Quality Research)用于资助和推广社会质量的研究。社会质量概念自提出后,受到了欧盟各国的广泛欢迎,欧盟借助于社会质量的评价指标体系,以此来衡量并评价某一个国家的社会发展,以便于调整和重塑后续的社会发展政策体系。[1]社会质量试图对经济与社会的进步形成新的衡量标准,被用以评价欧盟场域下各层次公民生活水平。[2]客观上,社会质量致力于成为公民评估自身主体国家和欧盟社会政策的有效性,也成为社会政策制定的科学依据。

欧盟社会质量研究会认为:"人们在提升他们的福祉和个体潜能的条件下,能够参与社区的社会与经济生活的程度,即社会质量。"公民所处的社会质量水平如何,完全取决于社会组织地区和群体的社会经济文化特征,需要在个体层次上对其进行四个大类的测度:社会经济保障的程度、社会包容水平、社会凝聚程度和社会赋权水平。社会质量所倡议的目标影响行动者,以期清晰地表达社会公众的需求和偏好,以便将其提到政治议程之上。欧盟以这种方式来评估当下欧洲变革的进程,这个倡议并非中立的,而是它所支持的新愿景。这个新愿景关涉地方与区域层面的民主欧洲,以及涉及一种民主方式来应对当下变革与转型进程的透明政治制度。这种倡议是建立在"以支持参与为基础,并且依赖以共识为基础"的社会。社会质量是欧洲场域下一个潜在的新愿景。作为联结政策关键领域的一条主线,社会质量能

---

[1] Ben-Arieh, A., Beyond Welfare: Measuring and Monitoring the State of Children-New Trends and Domains, *Social Indictors Research*, 2000(52).

[2] Beck, Wa., *Towards European Cities of Social Quality*, Efsq, 2001.

够对决策者产生影响,在欧盟场域下将经济、就业、社会政策相互联结。此外,社会质量提供了一种连贯式的新概念(社会凝聚、社会包容、社会赋权、社会排斥),但这种运用方式在一定程度上阻碍了欧盟成员国之间政策的整体性协调。

由此本书认为,社会质量概念及其理论的提出丰富了社会发展的相关研究,同时也极大地促成了发展范式的变化。之所以如此认为,其内在依据为:一是将社会发展研究的关注点从传统研究内容(发展模式抑或发展道路)转化为对某一具体社会的质量及其测度,有效地把握了现实社会发展的走向;二是明晰和厘清了社会发展的目标,即在全面提升社会福祉和个体潜能的条件下,能够参与人类共同体的社会与经济生活。而这两点有效契合了社会发展的本质,从而保障了社会有机体的长效发展。

随着中国当前社会发展进入新时期、新时代,社会建设水平和社会发展水平逐渐成为决策者和学者的关注重点。然而不同于经济发展可以通过GDP等指标进行简单的测度,社会发展如何界定,如何测度成为当前学者研究的重点之一。在以往的研究中,学界一般是借助于发展指数,诸如社会进步指数(ISP)、人类发展指数。尽管在一定程度上体现出了社会进步的实质内容,但未能将社会发展与经济发展进行有效区分。

"社会质量"这一概念的提出,其理论内核是社会结构下个体的能动性空间。换而言之,社会质量理论充分体现了社会学意义中"社会"的内涵,完整地呈现出了"社会"作为"公共领域"与"国家""市场"的不同空间边界。社会质量理论中的公共领域,作为由社会人所组成的集合,与政府之间不再是简单的"治理与被治理"的关系。[1]相反,社会质量理论中的"社会"是在国家权力保障和制约下,以公民自治为原则,公民合意为其合法性基础,以集体

---

[1] 张海东:《上海社会质量研究(2010—2013)》,社科文献出版社,2016年。

行动和公众舆论为形式来制衡国家权力,促进国家与社会的理性沟通。因而,在倡导建立现代基层社会治理模式下,社会质量理论中的公共领域与行动者之间的互动建构,同时基层社会建设所植根的深层社会基础,都在某种意义上为社会发展的测量提供了理论与实践基础。

三、理论内核及内容体系

"社会质量"作为对社会发展的评价标准,其在欧洲国家的影响力远远大于中国。但是其理论分析框架和测度指标体系对中国学术界的影响仍具有"普世效应"。当下中国对社会质量的讨论,其主要是建立在欧洲的社会质量研究基础之上。1997年,欧洲学者在阿姆斯特丹欧盟会议上提出了社会质量(social quality)这一概念,并通过了《欧盟社会质量阿姆斯特丹宣言》(以下简称《宣言》)。《宣言》指出:"我们希望欧洲是一个经济上获得成功的社会,同时也希望通过提升社会公正和社会参与,来使欧洲成为具有较高的社会质量的社会。"正如贝克所指出的,社会质量作为全新的社会发展理念,其根本动机是:"考虑到所有市民的基本尊严,我们声明:我们不想在欧洲城市目睹日益增长的乞讨者和流浪汉,我们也不希望面对数量巨大的失业群体、日益增长的贫困人群,以及只能获得优先医疗服务和社会服务的人群。这些及其他指标都表明了欧洲社会为所有市民提供的社会服务质量不足。"[①]

在20世纪90年代,新自由主义理念认为将社会政策置于从属于经济政策的地位。在欧洲语境下,社会政策通常被地方当局等同于社会管理,通过转移支付来维持社会经济保障,由最初的对雇员的社会经济保障扩展到全体公民的社会经济保障。在如上的经济价值观主导下,经济系统中运行的

---

① 林卡:《社会质量:理论方法与国际比较》,人民出版社,2016年。

问题被方便定义为社会问题,并被划为"外在性"问题。社会质量的提出是对社会发展滞后于经济发展现象的匡正,是对单纯追求经济增长的发展,也是对忽视社会整体福祉增长的再审视和批判。[1]社会质量正是为了批判以私有化为导向的改革措施,倡导选择可持续的福利社会的改革思路。由此认为,提高社会质量这一理念逐渐成为社会主体所达成的共识,其所代表的是欧洲社会福利政策改革的范式转变,其核心是摒弃以市场为导向的发展目标,重新强调社会之行动取向,注重社会发展的整体品质,为建构良善社会提供理论支撑。社会质量理论形成的推动力可以概括为本体论、方法论和社会学等多方面的因素,推动社会质量诞生的一个动力在于,社会行动人已经意识到"社会"从社会生活和社会科学研究中消失了。[2]由此映射出社会质量理论的应然性,其理论的创生正式回应和重申了"社会个体在社会中的主体性地位"。社会质量理论的提出是为了平衡社会发展与经济发展之间的功能失调关系。

事实上,人在本质上是社会人。换言之,个体是人的社会属性的表达,人不是原子化的经济主体,也不是保持人类秘密的个体,而是集合各种人际关系的社会存在。[3]人的社会属性假设表明了社会质量的途径与目标之间存在差异性。以社会质量的理论观点来看,"社会性"不仅仅是规范性的假设,还被间接地定义为一种外在属性,而这种属性不是个体决策过程中的一部分,因而也不需要一个明确的定义。实际上,这些都是基于一个错误的假设,即个体与社会之间是不矛盾的。[4]人作为社会存在是相互影响的,这些

---

[1] 林卡:《社会质量理论:研究和谐社会建设的新视角》,《中国人民大学学报》,2010年第2期。

[2] 王卓祺、冯希莹:《治理视角下的社会质量与社会和谐的比较分析》,《江海学刊》,2010年第3期。

[3] 张海东、丛玉飞:《社会质量与社会公正——社会发展研究的重要议题》,《吉林大学社会科学学报》,2011年第4期。

[4] 艾伦·沃克、张海东:《社会质量取向:连接亚洲与欧洲的桥梁》,《江海学刊》,2010年第4期。

相互作用构成了集体认同的多样性,而集体认同提供了自我实现的环境,并且呈现出"社会性"的特征。换言之,各种集体认同的相互作用使得个人的自我实现成为可能。

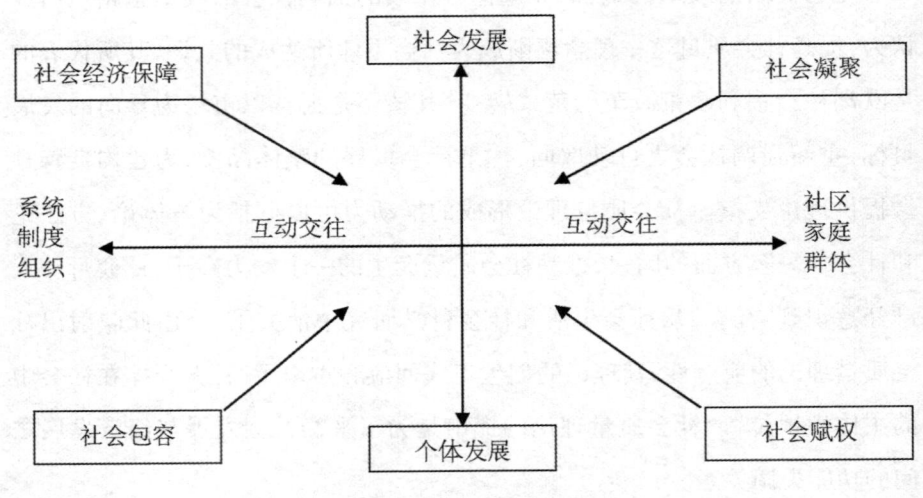

图2-1 社会质量的理论架构

但是个体行动与集体行动往往在现实图景中表现出个体间交错复杂的联系,如何区分?对此,Beck等人将"社会性"设想成"构成性相互依赖"的三个阶段开放过程的综合结果,"构成性相互依赖"的三个阶段使得两种基本的社会张力关系间的相互作用成为现实。这导致了日常生活中"社会性"的具体化,即人际关系的具体方式,等同于结构、实践和惯习在非物质层面上的表现,通过两种基本张力关系的互动,从而建构出"构成性相互依赖"的三阶段条件。图2-1详细阐述了水平、垂直之间的关系。[①]

横轴代表了系统、制度、组织与社区、家庭、群体之间的外在张力关系;纵轴表征出个体发展与社会发展之间的内在张力关系。两种张力关系的互

---

① 张海东:《社会质量研究:理论、方法与经验》,社科文献出版社,2011年。

动,创建出"构成性相互依赖"及其三个阶段的条件。诚如林卡、张海东等人所讨论的,在"社会性"的具体化过程中,对"构成性相互依赖"的认识扮演着决定性作用。依据社会质量理论,横轴的张力关系涉及不平等的行动者间的互动,这些不平等的行动者间互动产生了不同的极端。极端之间同时存在互惠性(reciprocity)和互动性(mutuality),两者相互依赖,相互独立。[1]换言之,横轴的张力关系强调人与系统、社区之间的互动代替了交往实践。而纵轴的张力关系与heinz对社会发展与个体发展间的动态关系的解释基本一致。从这个角度来看,社会质量理论试图发展lockwood和habermas的理论。因此,纵轴的张力关系设计基于抑或非现实(偶然事件)的领域,其关注的是(微观的)个体与(宏观的)社会层面的符号、含义、结构、价值、规范、传统,以及对他们的认识。横纵轴的张力关系不相同也不互补,它们仅仅相互干预或者相互影响。这两组张力关系会随着时间的推移而改变。实际上,上述张力关系存在一些变化,尽管这些变化很有可能是隐藏起来的,并且只能过了很长一段时间及经过不断地积累后才能显现出来。"构成性相互依赖"持续互动的结果和基础性两种张力关系的相互影响创造出了新的政策选择权。政策选择权明确抑或含蓄地与建构性因素和条件性因素相连的结果分析为基础,由此在接下来的阶段中,将会开启一个关于持续互动的新局面。[2]Beck、Van Der Maesen以及Walker所认为的四个条件性因素是:

  社会经济保障,指人们所掌握的必要物质资源和其他资源。
  社会凝聚,指基于共享的价值和规范的集体认同。
  社会包容,指人们获得来自制度和社会关系的支持的可能性。

---

[1] 林卡、柳晓青、茅慧:《社会信任和社会质量:浙江社会质量调查的数据分析与评估》,《江苏行政学院学报》,2010年第4期。

[2] 张海东:《从发展道路到社会质量:社会发展研究的范式转换》,《江海学刊》,2010年第3期。

社会赋权，指在人们的日常生活中，社会结构能在何种程度上提高个人的行动能力。

社会质量的这四种条件性因素，能够影响社会行动的机会和资源。通过认识和测度条件性因素所带来的影响，因而能够比较日常的环境、地方或者国家政府的政策影响及全球化所带来的影响，见下表2-1。

表2-1 社会质量内在构成要素的主体及理论影响

项目	主题	理论影响
社会经济保障	社会风险	社会不平等 福利多元主义
	生活机会	能力促进型国家 第三部门
社会凝聚	基本关系的强弱	社会凝聚/解体 差异/整合
社会包容	公民权	包容/排斥 差异/整合 社会资本
社会赋权	日益扩展的人类选择范围	网络理论 市民社会

其中，社会凝聚和社会包容是社会质量的核心议题，社会凝聚关注的是社会关系的结构和对社会关系的建构，而社会包容则是将焦点放置在整合的水平和实现整合的过程上。

借助洛克伍德关于社会整合和系统整合的经典概念，Beck等人提出，在洛克伍德模型中，社会凝聚与社会整合相关（例如个体行为之间的秩序抑或冲突）[1]；此外，社会包容关注的是行动者与系统抑或子系统之间的关系，如

---

[1] 艾伦·沃克、张海东：《社会质量取向：连接亚洲与欧洲的桥梁》，《江海学刊》，2010年第4期。

图2-2所示。

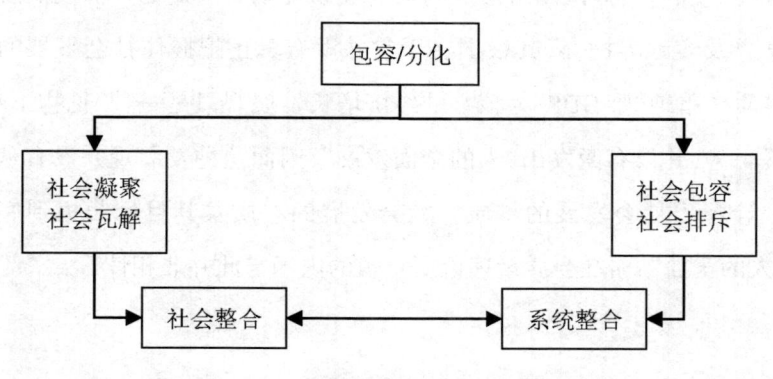

图2-2 社会凝聚与社会包容的关系

社会质量理论的出发点在于有效地消解个体发展与社会发展之间的张力矛盾,从而解构组织世界(系统、制度、组织)与生活世界(社区、家庭、群体)之间的结构冲突,进而改善社会境况,提升个体乃至社会整体的福祉。[①] 正如Van Der Maesen等人所认为:"倘若将集聚点放置于社会组织、制度乃至系统,社会质量往往体现在该社会所能供给社会经济保障的效果。而如若将着眼点转化为个体的发展,社会质量的意蕴在于评价该社会为个体所提供必要的机会及开放度,同时允许其进入这一社会体系,进一步地增加了社会个体融入主流社会的可能"。社会质量的研究实现了社会发展研究在当下不确定性与复杂性场域下的方式与方法的革新,将研究重点从社会发展模式转到某一具体社会的质量研究及其测度上来。而从经验研究的角度来看,社会发展具体状况的测度工具使得社会发展研究从质性研究转向量化研究成为可能。在社会质量的理论体系中,社会发展被理解为人的发展,抑

---

① 郑卫荣、李萍萍、刘志昌:《社会质量理论:理论阐释与实践探索》,《国外社会科学》,2013年第1期。

或说是个体的自我实现过程。[1]社会日常生活的实现,在于作为社会存在的个体自我实现与集体认同所形成的两者关系互动。早期的片面发展观之所以被学界及实践界抛弃,其根本在于它并没有真正把握住社会发展的目标及其本质。单纯"唯GDP"为核心的经济增长发展观只是一种"见物不唯人"的发展态势,并没有激发出"人的全面发展",因而这种发展观并没有从本质意义上诠释出社会发展的本质。社会发展的本质及其目标归根到底在于"实现人的全面",而社会质量理论所意蕴的内涵与此并非相悖。

第二节 社会质量理论:乡村振兴的新分析框架

治理立足基层社会这一层面,主要是指公共权力对基层社会公共事务的管理。作为国家基层治理和源头治理的重要组成部分,乡村社会治理关系到党和国家相关政策的有效落实,更与基层民众的切身利益息息相关。习近平在党的十八届三中全会提出,新时期要"推进国家治理体系和治理能力现代化"。事实上,乡村治理作为基层治理的核心内容之一,其治理质量成效如何关乎国家治理质量的总体目标的完成情况。"美丽乡村"的稳步推进,使乡村内部的生态环境、公共基础设施、经济收入、社会保障等维度上的民生建设获得很大提升。同时,精神、文化,尤其是乡村自治能力的培育和提升取得了可持续性的进步。2017年10月,习近平在党的十九大报告中提出乡村振兴的国家战略方针,指出"实施乡村振兴战略。农业农村农民问题是关系国计民生的根本性问题,必须始终把解决好'三农'问题作为全党工作重中之重"。乡村治理作为乡村振兴的实践基石,其治理质量亦关系到乡

---

[1] 林卡:《社会政策、社会质量和中国大陆社会发展导向》,《社会科学》,2013年第12期。

第二章 理论基础与分析框架

村振兴战略的在地化落实。同时还指出:"加强农村基层基础工作,健全自治、法治、德治相结合的乡村治理体系",为乡村治理提出了具体要求,成为强调"三治合一"的现实指南。事实上,也正如习近平在报告中所提出的,健全乡村治理体系的根本保障在于实行"自治、法治、德治"的三治合一;同时又需要厘清一个原则,"要将乡村治理纳入国家治理体系,并积极完善其治理结构"。如此种种,使得乡村治理在现行政府主导格局难以超脱的现实局面下提出"三治结合"模式,进而促使其治理能力和治理有效性的进一步提升。在此阶段,乡村治理的"治理有效"可以认为是对"治理质量"的考察,因而就将乡村治理的命题延伸至乡村治理质量。事实上,乡村治理质量可理解为乡村公共权力的主体运用乡村治理的权力,对乡村社会事务进行科学的统治、管理及调控,从而推进乡村经济繁荣发展、乡村秩序和谐有序的长远发展总策略。[①]乡村社会治理的有效实施有赖于代表政府权力的乡村公共权力主体与不同组织关系之下的广大民众所代表的权力客体间的相互协作。基层政府体制改革与社会组织和群众的广泛参与为其提供必要的支撑和保障。

社会质量理论与乡村治理在理论目标上的契合点统一于新时期和谐社会的构建及全面建成小康社会的新要求。新的时代发展背景下,党和国家在构建和谐社会的战略目标中对于个人自身、人与人之间、社会各系统各阶层之间,以及个人、社会与自然之间、整个国家和外部世界之间的和谐作出了新的要求。党的十八大对全面建成小康社会也提出了发展协调性和加快发展社会事业的新要求。

从这一层次来看,一方面,社会质量理论的形成是建立在欧洲经济政策和社会政策的矛盾之上的,它对欧洲国家当时表现出的纯粹追求经济增长

---

① 贺雪峰、吴理财:《分化的农村,复杂的治理》,《云南行政学院学报》,2016年第4期。

而忽视社会整体福利的错误倾向进行了否定和批判,其初衷是通过该理论的提出来平衡经济发展和社会发展,实现两者的相互协调和共同进步。此后,这一理论在亚洲各国的引入及发展也同样立足各国国情与社会发展的现状。在我国,具有中国特色的社会质量理论体系与其相应评价体系的构建虽不完善,但社会质量所倡导的社会协调从未脱离我国传统理论体系的范畴。

另一方面,随着我国社会经济的不断发展,以往乡村治理体制表现出的滞缓和不适应,社会治理的提出应运而生。其意在弥补社会经济转型过程中政府单中心管理模式的不足,最终目的旨在维护广大人民的根本利益。因此,对于全面建成小康社会的总目标和新时期和谐社会的构建层面而言,乡村社会治理理念在终极价值取向上与社会质量理论是共通的。

一是突出"社会性"。乡村治理质量的理论出发点与落脚点是"乡村性(rurality)","乡村性"之于乡村治理则被视为其灵魂,乡村性集中彰显了复杂性、现代性等的混杂。事实上,随着乡村产业的技术更迭、乡村文化日渐式微、现代技术及市场经济的不断入侵等,现代性力量对乡村性的冲击及其重塑,使得乡村世界不由自主地发生结构性变化。此外,乡村现代化实质上就是多方主体相互杂糅的一个过程,混杂性特征自然就成为乡村现代化过程中探究乡村性的必然取向。有学者认为,现代性的异化效应及乡村性的去异化功能都在某种意义上共存共在于乡村日常生活世界之中,显现了一种"后乡村"的混杂意义。[①]而后乡村的聚变过程自然会面临着后现代性的自我觉醒之行动转向,这就客观要求后乡村时代下乡村社会主体的主观能动性与自我创造性。由此,乡村的"社会性"逐渐凸显,并进行自我省察与改革创新。"社会性"简而概括为,社会场域空间内因相互存在而相互作用的主体

---

① 戴玉琴:《基于乡村治理现代化的三维权力运行体系分析》,《教学与研究》,2015年第9期。

间的相互型构。由此看出"社会性"的实现过程必然要经历如下的两个过程：一是因社会存在的行动者在社会发展的个体自我实现过程；二是形塑社会集体认同的相互作用的过程。此外，人本身因社会而存在，是社会原子关系的集合体，因而人总是以一种群体性生活而存在于社会。再次证实了乡村社会人的本质特征仍然是"社会性"。只有在一定的乡村社会环境之中，乡村社会主体参与到乡村治理的诸多方面，才能使得社会主体的福祉整体提升。

二是有理、有节审视乡村个体与乡村社会之间的关系。何为"有理"，其关键在于审视的理性程度。理性审视乡村社会内在的主体间关系，其无非是要厘清个体与社会本体间的互动关系。基于村民自治，原先的政社合一之结构被强制断裂，断裂不仅仅表征出国家权力的向上收缩，还体现出对乡村社会权利的再分配与重塑，因此可认为是一种互动结构关系的质变与转换。[1]而从发展社会学视角来观察发现个体与社会互动交往的现实行动产物在于激发社会质量，因而又逆向印证了社会性之于其主体间的互动关系之结果。简言之，乡村个体与乡村社会的互动关系可以形象地描述为"人在乡村之中"。乡村治理质量的理论基石设定为乡村人之于乡村社会的最本质特点，这就是上文所论述的"有节"。事实上，倡导和主张将乡村个体的成长与发展融入并共生于乡村社会发展与乡村建设的内容体系，形构出一种乡村治理研究的新范式，以便于突破既有研究中的微观与宏观在制度与认知层面上的时空边界。

三是旨在提升治理质量。社会质量理论的学术贡献在于纠正因经济政策与社会政策非均衡发展而导致的偏向性发展顽疾，以便于能够为社会政

---

[1] 吴春梅、郝苏君、徐勇：《政治社会化路径下农民工主流意识形态认同的实证分析》，《政治学研究》，2014年第2期。

策制定者及受益对象——社会民众提供一种新的发展理念,同时亦找寻到一种审视视角,来研判这一社会发展的具体程度如何,以此来助推社会发展,推动社会治理变革,希冀于实现社会福祉的广泛而又有整体性之提升。[1]无论社会进步得如何,社会民众始终关系和热衷于的是生活中的社会能否更加开放和文明,能否从社会发展与社会进步获得更多的幸福感?正是基于如上考量,社会质量理论又极具鲜明的理论与实践优势,可借助实证模型与计量方法对某一具体社会发展现状和治理改革成效进行量化测度,以此来研判这一社会改革是否创新,创新绩效又是如何。

社会质量理论在乡村社会治理中的价值不仅在于其思想内涵为社会治理提供理论支持,更在于其四个不同维度的评价体系为乡村社会治理提供分析工具的同时也提供了相应的实现途径。建构性因素、条件性因素和规范性因素以其各自不同的主题和相应的理论共同构成了社会质量的三大影响因子。在此基础上,"社会性"在社会质量理论中的核心作用,决定了社会环境与人类自由、全面、可持续发展的重要关联,这是基于条件性因素构建社会质量理论分析框架及开展理论范式研究的原因所在,也是该评价体系为乡村社会治理提供分析工具与实现途径的基础。[2]

根据社会质量理论,横轴的紧张关系涉及不平等的行动者间的互动,这些不平等的行动者间的互动可以产生出两个不同的极端,横轴左面关注的是系统关系的制度支持层面。而右面代表的是行动者的主体,是关于人与诸如社区等的社会整体之间的关系。这两个极端之间存在互惠性和互动性,两者相互依赖,相互递进。换言之,横轴间的紧张关系强调了行动者(行动主体)与系统(制度支持)间的互动来替代交往行动。事实上,该理论(交

---

[1] 高红、刘凯政:《社会质量理论视域下中国包容性社会建设的政策构建》,《学习与实践》,2011年第2期。

[2] 赵怀娟:《"社会质量"的多维解读及政策启示》,《江淮论坛》,2011年第1期。

往行动理论)中的两个对立的极端并不视为互惠的,如图2-3。

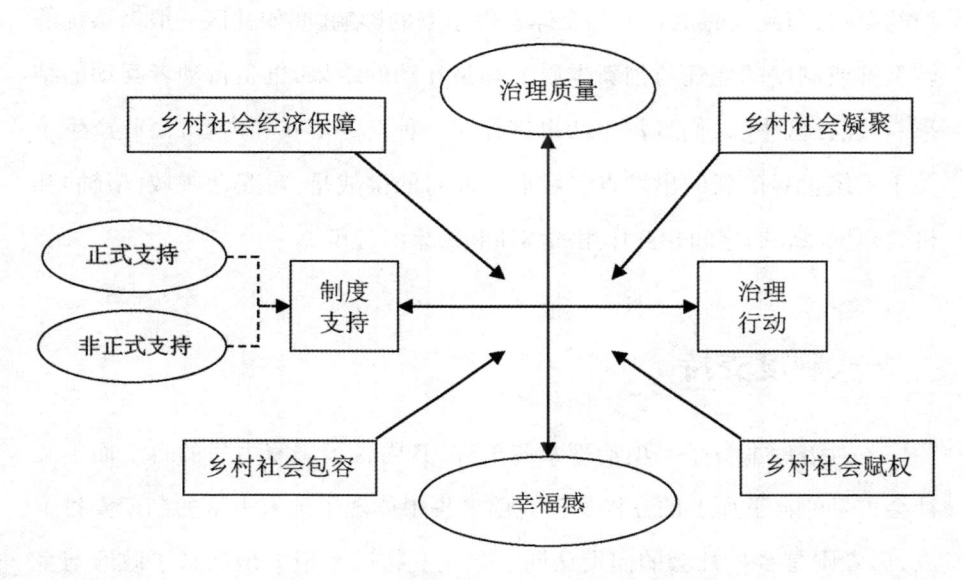

图2-3 乡村振兴的社会质量分析框架

关于理论的论述,以横轴方式解析了个体发展与社会发展之间的紧张关系。这些分析描述了个体发展与社会形态相连的过程,而社会形态则是通过互动(作为第一种紧张关系的结果)形塑了日常现实的社会生活。社会质量理论试图从多元视角来解决纵轴所代表的问题。在偶然事件中,个体为了尽可能地符合合格的行动者的行为,不得不创造性地应对其自身所处的环境。[1]我们所面对的最主要挑战是探索这些非现实的可能性和偶然事件及其形成过程。这些挑战同样会出现在群体社会及系统(制度)之中,并且关系到横纵轴的内在张力关系。由此认为,社会质量理论与Heinz的观点是不相同。横轴与纵轴的内在张力关系既不相同也不互补,他们仅仅相

---

[1] 林卡:《中国社会的发展战略和前景:从提升生活质量走向增进社会质量》,《探索与争鸣》,2011年第6期。

互干预抑或相互影响。系统(制度)的转型与变迁在很大程度会受到社会转型的影响,与此同时也会受到个体发展结果的影响,亦如社区一般。系统的转型抑或制度的变迁与创新本质上都是互动的结果,也是行动者互动的结果。①在社区中,人们日常生活也许存在一种新的形式和内容,由此产生了关于系统世界的新的出发点。我们所面对的挑战是,对互动领域(横轴)和机会领域(纵轴)之间相互作用的本质和结果的理解。

一、制度支持

乡村治理本身是一项治理系统工程,其内含了国家力量的自上而下和社会力量的自下而上的互构逻辑。前者集中体现了国家力量的制度安排下放,后者则是乡村社会的向上认同。如此互构图景极大地凸显了政府与乡村社会之间的互构协同之重要性。中国地域广阔,区域差异明显,乡村资源禀赋参差不齐,现代性嵌入程度不尽相同,如上因素使得现代与传统的二元对立共处于中国乡村社会场域空间之中。②因此乡村内在空间维度上既有正式制度支持(国家制度、政策和法律),又存有非正式制度支持(村风民俗、乡民惯例、村规民约和人情面子名声等)。因此,基于社会质量理论框架内的制度支持维度内容恰恰是植根于中国乡村社会内在的正式与非正式制度。只有厘清、协调并正确处理好这两者之间的关系,才有助于保障乡村社会治理质量之提升。

但是以政府为主导的乡村治理在发展过程中日益暴露出诸多现实治理限度,诸如国家战略及基层政府制度安排无法匹配乡村社会环境、正式与非

---

① 张海东、丛玉飞:《社会质量与社会公正——社会发展研究的重要议题》,《吉林大学社会科学学报》,2011年第4期。

② 马良灿:《中国乡村社会治理的四次转型》,《学习与探索》,2014年第9期。

正式制度支持之间的非耦合之相互悖论,甚至在某种意义上非正式制度支持抑制了正式制度支持在乡村社会场域空间的"在地化实践"存活。[1]确实,乡村治理场域空间内的不确定性、复杂性及长期性在现代性的发展过程中尚未发生质变,但国家层面上的制度权力向上回收、治理理念的转变都为乡村治理的非正式制度支持的治理效应提供了实践沃土与操作空间。一般情况下,政府尤其是基层政府(县、乡两级政府)将治理注意力放置在制度安排层面上,尤其是对乡村治理的正式制度支持上。如上的治理逻辑容易导致正式制度支持与非正式制度支持之间本应有的良性互动出现障碍。诚如华中乡土学者认为,乡村治理中诸多治理问题其本质无法厘清正式制度支持与非正式制度支持之间的良性互构关系,进而引致了乡村治理质量的弱化之效,甚至在某种程度上导致了治理目标的偏离。[2]

但社会质量理论框架下的制度支持维度本质上要求了制度支持两维度的互构均衡,要重视正式制度支持的基础性功能,同时亦不可忽视非正式制度支持的内源性作用的发挥,强调正式制度支持与非正式制度支持的互构均衡关系,同时厘清两者关系之于乡村治理质量的内在影响机理。为此,在本部分主要探究内容集中在正式与非正式支持之于乡村治理质量的关系,同时厘清两者互构关系对于治理行动有何影响。如上逻辑最终将会回到对"乡村治理质量"的现实反思,并就此寻求正式制度与非正式制度支持之间的耦合性。

"制度是意义与能指结构上的制度",其制度内涵更为宽泛,制度的边界得以模糊化,既有"有形"的正式制度又存有"无形"的非正式制度。前者囊括了国家制度安排、政策方针及法律体系;而后者更多强调社会场域空间内

---

[1] 贺雪峰:《聚焦社会治理难题 转变社会治理方式》,《云南行政学院学报》,2015年第5期。
[2] 郭道久、陈冕:《走向复合治理:农村乡村组织发展与乡村治理变革——基于四川仪陇燎原村的研究》,《理论与改革》,2014年第2期。

的"民俗习惯、民间社会规范、道德价值、意识形态等"。制度经济学视角对"制度"的研究显然与社会学意义有所不同,诺斯[1]认为制度可分化为正式约束与非正式约束。对制度的认识,将其分化为三大基础性要素,其中包含了"规制性、规范性及文化-认知性"。文化-认知性更加注重行动主体的共同信念及存有异同的行动逻辑等偏向。同时Scott(斯科特)[2]认为,在同一个社会场域空间内,制度三要素之间要形构出相互依存关系,使得最终的制度得以强化;如若其三要素之间的结合效应出现偏差,三者之间或可相互制约。

由此,制度支持之于乡村治理而言,其乡村治理质量的保障无非是建立在乡村社会场域空间内的正式与非正式制度耦合性支持之效力。遵循上述逻辑关注乡村治理的正式制度支持与非正式制度支持的互构关系,最终需要将学术研究关注点转回到对"治理质量的反思"。治理质量的提升实则是因制度与行动之间的互构关系所影响,尽管制度本身并不会对治理质量产生直接影响效应,但在制度影响下的内外主体间的行动却形构出了对治理质量的影响效应。

二、治理行动逻辑

无论是吉登结构化理论还是帕森斯结构理论,梳理如上的社会行动理论的演进逻辑可以发现,行动者的社会行动及其之间的相关关系是有助于厘清、观察诠释社会场域空间内的行动者的社会生活,换而言之,解读、分析及诠释日常社会行动者之于日常生活的社会世界的运行逻辑及其行动逻辑

---

[1] [美]道格拉斯·C.诺斯:《制度、制度变迁与经济绩效》,上海人民出版社,2014年。
[2] [美]W.理查德·斯科特:《制度与组织》,中国人民大学出版社,2010年。

尤其显得重要。实际上,将行动者之研究放置于乡村治理研究,那么研究对象就会从一般化的社会行动者转化为乡村行动者,进而缩小为乡村社会民众抑或农民,那么就会发现研究呈现出不同于一般性西方行动者的理论逻辑和一般规律。费孝通[①]在论述传统中国乡土社会结构及其形态时创造性地提出了"差序格局"之概念,同时在以差序格局的逻辑前提下尤其指出了中国社会行动者以"自己为中心"的论点,而其社会化行动基础仍然是以差序格局之逻辑来刻画。由此细化一点得出,在以乡村社会私人关系所型构而成的乡村网络之中,并不会因个体的普适性的道德来评判他者,而是以与个体本人有关系才会依据其差序关系层次而决定以何种道德标准来评判。从如上这一点可以看出,个体不仅仅是圈子中心区位,还会影响能推出去的圈外涟漪。正是处于社会关系网的中心节点,依据自身差异性需要来建构自身行动者的关系网络。关系作为一种乡村社会的内生变量,却往往形构出了乡村自我社会化行动者的内在假定。

传统乡土社会,行动者以自己为中心而建构出自身个体有关系的社会网络,并以差序格局方式因人而异地设置异质化的道德关系评判标准。可以显见的是,乡村个体的特殊主义时时刻刻内嵌于乡村社会化行动之中。传统的乡土社会关系自然就成了一条内嵌了特殊主义的"个体化纽带"。

以往研究主要基于西方行动理论,并和本土乡村文化、乡土实情等进行了整合,架构出本土化研究,以此来诠释乡村的行动逻辑。但是面对大量乡村项目资源、国家战略方针及国家惠农政策的落地化实践,乡村社会正处于社会转型的关键时期,传统性、现代性及后现代性相互杂糅于乡村公共空间之中。此外,基于各个村庄内源式积淀的差异,影响乡村行动者的行动逻辑的因素千差万别,很难得出普世性的行动逻辑。因此通过梳理既有文献,关

[①] 费孝通:《乡土中国》,人民出版社,2015年。

于中国乡村行动者及其关系研究主要集中在两种路径:"过程-事件"分析方法与"结构-制度"分析方法。如上的两种研究路径有着其内在的关联中介点——如何审视并衡量个体与社会之间的联系。事实上,个体与社会的互动关系是一般的社会学理论研究的恒久考察内容。社会存在的二元张力长期存在,诸如个体与社会整体、主观与客观、微观与宏观的内在张力关系。而从结构主义视角来看,行动中的社会被视为一种客观结构而存在,并将自身所建构的社会结构视为自身个体的存在实体,[1]由此可以赋予其真实的社会化行动者的"可行动"之能力。在此过程中,因个体存在的社会结构对社会化行动形构出了限定效应。

那么问题来了,在以个体主义为何为核心的解释学传统理路下,其社会行动及其社会结构更加注重的是对社会主体的动机及其背后隐含的行动意义的深度理解和诠释,同时亦不可忽视对可行动能力的社会化行动者及其主体之于日常生活的社会世界的实践建构。因此可以看出,行动与结构之间不再是如之前二元紧张的对立关系,更不存在如现实图景中的冰冷地相互碰撞。更多时候呈现出来的是两者相互形塑且相互影响的关系。正是基于如上的理论逻辑,吉登斯[2]在以"结构二重性"(duality of structure)为基础提出了"结构化理论"(structuration theory),结构之于社会行动的实践实现了行动生产与再行动生产的过程,简言之"结构化"。之后的格兰诺维特提出了嵌入性理论,强调社会结构与经济行动之间的相互嵌入,且能形构出相互制约之效应。[3]行动与结构之间并非简单的二元对立,事实上结构为行动者形构出了行动的时空边界和规制。而行动者在社会化行动过程中所能展示

---

[1] [英]安东尼·吉登斯:《社会理论的核心问题:社会分析中的行动结构与矛盾》,上海译文出版社,2012年。

[2] [英]安东尼·吉登斯:《社会的构成》,上海译文出版社,2012年。

[3] [美]马克·格兰诺维特:《镶嵌:社会网与经济行动》,社会科学文献出版社,2007年。

出的主观能动性,又在某种意义上消解进而重构社会结构。①之所以社会行动实践之于日常生活世界呈现出生动性,原因在于极具主体性的社会行动者在事件过程往往采取策略主义的社会行动,以此来实现自我利益选择。因此,在探讨和研究乡村治理质量之时,应将社会行动者有机地嵌入治理质量的内生主体结构关系之中,以促进相关研究及其结果更具有普适的解读和诠释能力。

行动者理论阐述了社会个体行动之间的无差异性,国家并非内在无差别的整体社会,而社会亦非无异质性的个体。国家与社会的整合关系亦被行动者所解构。因此,综观行动者嵌入乡村治理的研究可以发现,国家主体力量则是由乡镇基层政府、村委会及其干部所组成,而乡村社会往往是由这部分直接置身于乡村社会事务的不同乡村社会组织及其乡村社会民众所构成。一是社会行动者的独立性,使得其社会行动的主观能动性更强。不同的行动者在相应的社会行动过程和治理模式中因个体自身内含的资源禀赋、知识能力、价值取向,在一定程度上引致了社会行动者的策略主义选择,目的无非是追求行动者个体的自身利益,同时形构自我认知有意义的社会行动。事实上,如上的逻辑映射了行动者的自主性和独立性。二是行动者的策略行动间的互构性。实际上,在社会行动过程中,任一行动者在行动策略的选择之时都会受制于他者行动主体,因而分析其采取何种行动策略就应当将与之关联的行动者置身于其所在的社会关系网络来审视和考量。由此认为,社会行动者之间相互形塑且型构,彼此之间的依赖和互构相对紧密。正是基于行动者之间的互动性,使得行动策略的互构更深,其结果往往是在社会行动中需要再调整建立在社会结构上的行动者的角色与功能,以此来应对多变的社会存在。基于社会结构体系内在的行动者的内生独立

---

① 卡尔·曼海姆:《重建时代的人与社会:现代社会结构研究》,译林出版社,2014年。

性,其彼此间的策略行动呈现互构性,进一步推动社会结构的转向和变迁,同时这亦有可能激增社会风险,致使社会矛盾的爆发。总体来看,如上的理论逻辑恰恰形塑为推动和提升乡村社会治理质量的动力机制。

三、动力机制与结构要素

社会质量内在框架的结构性要素,能够使得合格的行动者付诸实践,且逆向作用于原先的框架结构。通过对四大结构性要素的探索,我们能够准确地指出不同国家、地区、城市及不同村庄的区别。换言之,社会质量概念框架能够使我们在缺乏应有的有利研究和统计分析条件下,理解诸如社会福利因人为结构不同而致福利效果呈现出区域差异,并且可以使得重要的现实情况抑或政策制定评估呈现出具体化和概念化的特征。社会质量概念及其理论体系主要是基于欧洲场域的现实研究理论,采用社会质量指标体系来衡量各自社会的进步程度。欧洲社会质量指标网络(ENIQ)参与社会质量项目,使得人们对四大结构性要素的概念认知和具体定义在学术界和实务界都达成了共识。社会质量四维结构性要素,具体如图2-4所示。

社会经济保障	社会凝聚
社会包容	社会赋权

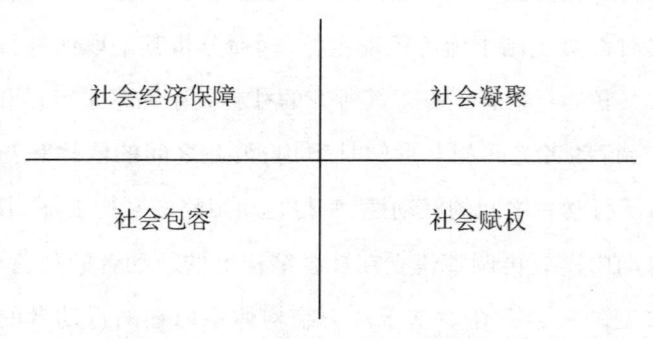

图2-4 社会质量中的"四维"结构性要素

社会经济保障,指的是人们对资源的掌握程度。其是集体认可形成过程的结果之一。在社会发展和系统世界互动的背景下,人类关系的配置得以产生,同样这也是两种重要紧张关系的典型结果。社会经济保障需要一个以权利为基础的法律框架,用于反映个体保障的目标。这一结构性要素关注一般性保护及集体性(组织系统及制度),同样这也是自我实现的条件之一。社会经济保障包括了如下两个层面:其一,所有涉及福利和幸福感的规定,用于保障市民的收入、就业、住房、健康和教育。其二,是法律的规定,用于市民的社会保障。此外,环境保障也是社会经济保障的重要方面之一。

社会凝聚,强调基于认同价值和规范基础之上的社会关系的共享程度。这一结构性要素主要与集体认同形成的过程相关。在社会发展和日常生活世界(社区抑或家庭)互动的大背景下,人类关系的配置得以产生,同样这也是两种重要紧张关系的典型结果。其需要人与人之间的认可互惠达到一定程度。其客观的基础根植于社会经济保障,是关于社会网络的创建防御抑或摧毁及以社会网络为基础的社会基础建设。换言之,社会凝聚是将社区家庭网络群体系统与社会凝结在一起的黏合剂。

社会包容,指的是人们接近那些日常生活的多样化制度和社会关系的可能性。在社会发展和系统世界(制度抑或组织)互动的背景下,人类关系的配置得以产生,同样也是两种重要紧张关系的典型结果。社会包容需要体现在由社会责任(同样包括社会赋权)所构成的可接近的制度环境,关注的是人们在经济政治社会文化系统中的参与程度及集体认同的其他形式与自我实现的过程。

社会赋权,社会关系能在何种程度上提高个体的行动能力。在个体发展与日常生活世界(社区抑或家庭等)互动背景下,人类关系的配置得以产生,同样也是两种重要紧张关系的典型结果。社会赋权需要有能力的人所造成的多样化达到一定程度。社会凝聚同样如此,其更多关注的是人的能力发展。

以上的四维结构性要素的定义具体论述参见著作《社会质量:从理论到指标》[①]一书。

如上所论述的社会质量的四维结构性要素不仅仅是一个启发式的架构,还阐释了一个可分析的参照框架。为了使社会质量达到可接受的程度,我们假设四个结构性要素至少在纵横维度是契合的。这就意味着人们需要获得经济保障的渠道(无论来源是何种资源,包括就业和社会保障),以保护他们不受贫困或其他物质形式的排斥。一个"有质量"的社会经济保障需要有利于就业和社会保护,而就业和社会保护可以保证实现高水平的生活及资源获得,如收入、健康照料、社会服务、环境生态、公共健康和个人安全等。而且人们必须生活在以社会凝聚为特征的社区中,这些对集体认同的形成和个体的自我实现至关重要。当代关于社会凝聚的讨论通常是以社会资本为中心,这可以追溯到迪尔凯姆的团结概念及共享的价值观和规范的问题。社会凝聚并不意味着不惜任何代价来保护传统的团结形式,而是需要转变对社会结构的认识,使其继续巩固社会结构如代际的团结,并寻找可以替代社会结构的新形式。人们关于社会包容的实践需要在诸如劳动力市场这样的社会制度中进行。社会包容是做负责任市民的一个条件,涉及宽泛的市民关系的概念,与流浪者和准市民(否定市民关系或应歧视部分地否定市民关系)的现象截然相反。最终,人们在一定程度上应是自治的、被赋权的,人们在面对社会经济的快速变化之时,能够全面参与到其治理过程中。换言之,人们能够控制其自身的生活,意味着拥有可选择的机会,自治的赋权扩大了人们所选择的空间。由此可见,社会质量结构性要素的研判重点在于聚焦个体潜在的能力,以及社会如何最大限度地利用这些潜力。而社会质

[①] [荷兰]劳伦·范德蒙森、[英]艾伦·沃克:《社会质量:从理论到指标》,张海东译,社会科学文献出版社,2016年,第49页。

量四维结构性要素之于乡村治理而言,其所展现出的内在张力关系,具体呈现出如下的行动图景:

其一,乡村社会经济保障作为社会质量评估体系最基础的方面,其所囊括的内容覆盖经济资源、住房、教育、医疗、安全等多个领域。这些领域事关"乡村民众基本生存和生活状态及乡村民众基本发展机会、发展能力和基本权益保护",是党的十九大民生建设的重要内容,也是乡村社会治理的基本物质基础。"消灭城乡之间的对立,是共同体的首要条件之一,这个条件又取决于许多物质前提。"只有在完善社会经济保障的前提下,乡村社会治理各项举措才能有序展开。

其二,乡村社会凝聚将社会团结与整合等社会关系进行度量。团队意识、集体荣誉感历来就是我国传统文化所倡导的,在社会竞争日益尖锐的今天更是一种无形的动力和竞争的软实力。立足乡村社会建设,社会团结、齐心协力对政策、制度的有效落实,对于协调政策主客体矛盾都具有积极的作用。因此,社会凝聚为乡村社会治理的创新和完善提供了新的参照。

其三,乡村社会融入将民众权利所至,且融入其日常生产生活的相关机构及社会关系进行分解和测量。社会质量理论的社会融入指标涵盖乡村社会治理息息相关的政治生活(公民权)、经济关系(劳务市场及竞争)、社会及文化系统(公私化服务与网络等社交关系)等多个体系。基于这一角度来提升社会融入水平是实现社会协同、公众参与的和谐乡村社会治理的保障。

其四,乡村社会赋权衡量的是公民选择,涵盖的是教育、劳动、社会保障系统等的开放性和支持性。以广大民众为代表的乡村社会个体参与社会活动需要被赋予相应的权能,从而使个体的能力通过其所处的社会关系得以强化。从这一角度讲,社会赋权水平对乡村社会治理政策的落实力度、乡村社会矛盾的有效解决及乡村社会的和谐稳定都具有非常重要的作用。因此,提升社会赋权水平也是全面和谐乡村社会治理的创新性实现途径。

第三章　乡村振兴的制度支持

第一节　正式制度：乡村振兴的主导支持

"制度"(Institution)一词中西方历史都有阐述,《易·节》:"天地节,而四时成。节以制度,不伤财,不害民。"(孔颖达)疏:"王者以制度为节,使用之有道,役之有时,则不伤财,不害民也。"如上阐述表征出制度的内涵,即"在一定历史条件下形成的法令、礼俗等规范",同时还反衬出文礼、习俗等非正式制度亦被纳入考察范围之内。但是在西方学术世界体系中,大体上从多维度学科范式视角来观之"制度",其内涵体系呈现出多层级知识谱系。本书主要探究了乡村社会场域空间内部正式制度支持与非正式制度支持所相互裹挟的互构关系,尝试总结出在实际的乡村振兴实践中,其互构关系对中国乡村振兴所构成的影响。

一、基层政权的组织基础

　　习近平在党的十八届三中全会提出,新时期要"推进国家治理体系和治理能力现代化"。事实上,乡村治理作为基层治理的核心内容之一,其治理质量如何关乎国家治理质量的总体目标的完成。进入深化改革的新时期后,基层政府的行政审批及其他权力的向上收缩在一定程度上调动乡村社会场域空间内的各种主体参与乡村公共事务的积极性,乡村治理质量明显得到提升。在乡村振兴的国家战略、"美丽乡村及精准扶贫"的稳步推进,乡村内部的生态环境、公共基础设施、经济收入、社会保障等维度上的民生建设取得很大提升,同时精神、文化,尤其是乡村自治能力的培育和提升取得了可持续性的进步。2017年10月,习近平在党的十九大报告中提出乡村振兴的国家战略方针,指出"实施乡村振兴战略。农业农村农民问题是关系国计民生的根本性问题,必须始终把解决好'三农'问题作为全党工作重中之重"[1]。乡村治理作为乡村振兴国家的基石,其治理质量亦关系到乡村振兴战略的在地化落实。同时还指出,"加强农村基层基础工作,健全自治、法治、德治相结合的乡村治理体系"。为乡村治理提出了具体要求,强调"三治合一"的现实指南。事实上,也正如习近平在报告中所提出的,健全乡村治理体系的根本保障在于实行"自治、法治、德治"的三治合一;同时需要厘清一个原则:"要将乡村治理纳入国家治理体系,并积极完善其治理结构"。如此种种,使得乡村治理在现行政府主导格局难以超脱的现实局面下提出"三治结合"模式,进而促使其治理能力的进一步提升。

---

[1] 中共中央党史和文献研究院编:《习近平关于"三农"工作论述摘编》,中央文献出版社,2019年,第5页。

从现实调研和文献梳理可知,现行的乡村治理模式仍未超脱于政府主导模式。换言之,"乡村治理"是现代化过程中国家整合乡村社会的一种路径,只是这种基层治理兼具了民主化色彩之现实成分。如此乡村社会裹挟了现代性之风险,其在治理权力运转过程中更多表现出一种制度安排和政策在地化落实的"自上而下"的运行逻辑,这种权力渗透和整合始终贯穿治理体系之中。[1]无论是计划经济时代下的人民公社体制,还是现行的乡政村治模式,始终凸显了国家力量整合乡村社会的行为逻辑。前者强调的是行政化手段以促进乡村社会的整合,而后者以村民自治的民主化手段实现乡村社会的整合,其内在逻辑无非是国家中心主义路径的行为方式。尽管在现行乡村社会场域空间的不确定性和复杂性日益凸显,发端于草根自治下的乡村社会亦无法脱离行政化的制度安排与政策落实。但如上的行政化驱动使得乡村治理迫于行政化压力而无法自发成长,自然会抑制其内在的自主性。[2]换言之,行政化力量驱动乡村治理仍然是以一种外部机制及其力量所主导的外源式治理模式。如若乡村社会场域空间内部缺乏内生的自组织治理机制,一旦外生机制出现治理"失灵效应",则会诱发乡村治理的"真空"现象。由此看出,政府主导下的乡村治理并非要忽视乡村内生主体的现实作用,只不过当前的治理模式并未将乡村内生主体纳入与基层政府及其村支两委相对应的对话位置和权利层级。因此有必要审视当前以政府主导下乡村治理的正式制度之一的基层政权及其组织运行逻辑。

(一)基层政权的组织载体:村委会

无论乡村治理模式是政府主导,还是社会本体的主导模式,其治理主体

---

[1] 曹锦清:《黄河边的中国》,上海文艺出版社,2013年。
[2] 贺雪峰:《村治的逻辑——农民行动单位的视角》,中国社会科学出版社,2009年。

仍然是乡民大众。乡民以乡村社会场域空间内部的各类组织作为治理载体进行乡村事务的治理活动。事实上,乡村民众享有自治权无非是依托于乡村治理载体来实现。《中华人民共和国村民委员会组织法》自1998年11月4日通过以来,经过二十多年的光景,乡村社会内生出多元化的治理组织主体,然其治理主体在乡村治理过程中所发挥出的作用亦不尽相同,角色与功能的外显效应亦呈现出差异性。从组织学视角来观察乡村内部,其组织体系内含了村民会议、村民代表会议、村民委员会和村民小组等。徐勇等[①]的观点将上述四类划分为如下两种类型:一是乡村权力性机构,即村民会议和村民代表会议;二是乡村事务机构,即村民委员会和村民小组。

政治学视角下的乡村治理本应当是一种直接民主化治理方式,即乡村民众可以直接参与本村庄内部的事务治理。但如上的"直接民主"所呈现出的现实意义并不意味着乡村社会场域空间内的事务所有人都能参与治理。换言之,尽管村民享有直接民主权利,但不等同于每个村民都可参与和实施村庄事务治理。如上的论断不仅在理论层面上无法达到,现实实践亦无法实现。乡村内部的常规性事务基本上由常规性机构所运转和处理。而这亦是村委会存在的现实与理论维度上的合理与合法性依据。由此观之,乡村民主自治程度与居于核心地位的村民委员会的民主治理程度息息相关。

---

① 徐勇、温铁军、曹锦清等:《村民自治和乡村治理》,《农村工作通讯》,2002年。

社会质量、治理有效与乡村振兴

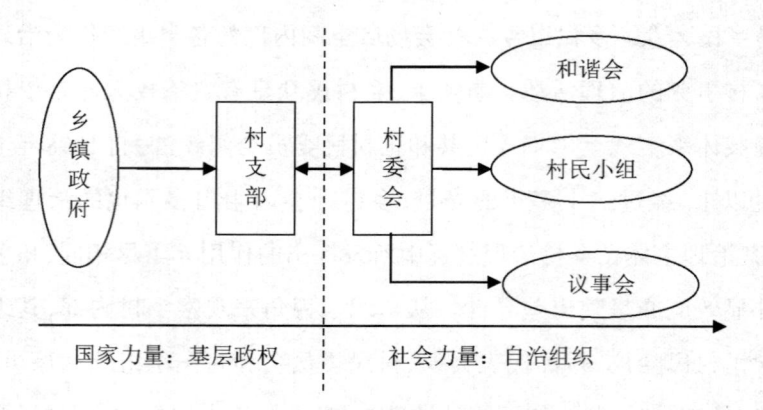

图3-1 国家与社会下的乡村组织分析

尽管在乡村场域空间内实施了村民自治,亦组织建设村民自治委员会。但代表国家力量的触手(乡镇政府)以建设基层党组织的形式再次介入了乡村,在乡村场域内部建立村级党支部。其组织建设的目的在于弥补政治权力在乡村社会的"绝对真空",也就是所谓的"乡政村治"模式。在如此行动模式下,代表国家力量的基层政府权力组织与村庄自治的社会力量相互博弈,其权力结构亦呈现多样化的现实图景。有学者认为,如上权力结构的变化演化为强大的政府主导与乡村社会自发秩序力量的双向互构,这两者之间相互独立,但又相互影响、渗透其主体空间边界。

(二)乡村社会与基层政府的权力组织网络

在"乡政村治"模式下,乡村场域空间内部并存了两个体系,一是自上而下的乡镇政府(代表国家)的行政管理权,二是代表村民的治理权。如上两项权力在法理层面上是被严格区分的置于村委会上"只存有业务指导关系,而非行政层级的上下隶属关系"[①]。换言之,法理意义下的明确意思体现出

---

① 张晓晶:《"非正式治理者":村治权力网络中的宗族》,《理论导刊》,2012年第9期。

乡村不再是一个行政化驱动之社会,而应当是非政治性领域的村庄自组织治理之社会。如上的逻辑表征出国家与社会关系集中体现在此,村委会在获得自治权后,对原有村社结构关系造成了冲击,同时亦影响了其内在的主体权力网络。

事实上,乡政村治之外不可忽视的村委会仍然存有现实的权力主体,即村党支部的党政权威。尽管国家力量在法理层面将民主化的自治权给予村庄,但其未放弃国家力量的触手于乡村之中,将代表国家力量的政治权力以一种"现代化转化方式"的形式进入乡村空间场域,国家力量的政治权力再一次以另外一种形式掌控乡村社会的治理格局。在基层党组织领导下的乡村治理,其始终把上下层级间的权力结构贯通,就如同谢立中等人所认为的"打开了一条乡村社会新的上传下达的'高速反馈公路'"。而从逆向维度来看,如上的权力交织网络使得村级权力体系与社会结构关系愈发复杂化,其内生的不确定性风险日益突出,其实际权力结构也呈现出复杂的现实样态。[1]

近年来,随着国家"三农"战略和政策方针的不断落实,村两委本应当承接的乡村公共事务的治理任务日趋繁杂,且日益呈现出复杂的不确定态势。上述权力网络的相互交织,使得上下贯通的事务、领域及范围呈现出"多而广"的面貌,大量基层政府的任务与工作被所谓的"村委会协助帮忙"得以在乡村场域中贯彻实施。[2]换言之,村委会作为乡镇政府的外延机构,将国家力量借助"村委会之手"深入乡村场域,实现乡镇政府的事务性管理。而这正如暑期调研Y市G村支书所言的"乡镇政府"。全Y市有多个部门职能要

---

[1] 谢立中:《和谐社会视野中的乡村冲突——评谢建社〈冲突与和谐〉一书》,《广州大学学报》(社会科学版),2008年第3期。

[2] 李琴、张伟:《权力、网络与社会控制——二十世纪三十年代新桂系对广西乡村社会的治理》,《社会科学家》,2006年第6期。

大力对接网格化服务一体化平台,通过15个部门职能工作进入社区网格,使得51项公共服务管理事项下沉到村级服务平台。其中,首批83项涉农服务事项已延伸至乡镇(街道)和村(社区),基本实现"村级受理,服务满意"。尽管通过公共服务"下沉"于村委会抑或社区网络,突破了乡村公共服务"最后一公里"之困境,然而大量公共服务的"乡村进场"问题,增设了村民委员会的事务性对接部门,相应的服务工作人员增加,乡村"量表化"的工作任务增加,同时亦加剧了村委会的财务经费开支额度。尽管现行的很多村委会并不具备与基层政府所内设的行政权力和执法强制力,其在更多情况下仅仅具备村庄事务管理的协同权力。但这种权力是由村民直接选举的民主方式所赋予的,其权力行使必然会受制于本村委会的村民,权力边界自然是"有限的"。从对江西省W县D村村两委工作人员的调查发现,村委会日常工作除了完成属于本行政村内部治理任务之外,还需要完成"上面下来"的任务(贯彻上级决策方针和政策)。而这部分工作任务约占总体工作任务的60%。由此观之,村委会作为乡镇政府与村民的"双层代理人",其"双面角色"的扮演加剧了干部的任职压力,然其工资薪酬又无法匹配其工作任务的现实要求,最终将会阻碍村委会干部的"职业化"发展路径。

从现实调研的反馈情况来看,随着乡村市场经济的勃发,大量工商资本的乡村进场,行政权力对乡村社会的控制力日趋弱化,社会阶层分化愈发明显,利益群体的解体与重组呈现出多变性,村社结构和权力结构主体亦反衬出一种多元化主体共在与共生之现实图景。如上权力主体结构的互动具体呈现出如下几种状况:①行政村内部的大姓家族、宗族较为均衡,并未存在一方或多方有明显优势的情况,自然民主选举后的村委会所能享有的权利是村庄内部的民权所赋予的,但其权力的行使和运行仍受制于村党支部,在更多时候是权力行使和运转的功能被村支部所主导,村委会从属于被领导的角色关系。②大姓家族、宗族的实力优势明显的前提下,村两委的人选一般被优势家族宗族所控制,其村两委一般被优势家族关系所制约。③家族(宗族)势力对村庄治理有影响,尚未能直接控制村两委,无法完全左右其日常性决策,权力核心仍然是村两委。④在经济发达型村庄,其权力中心结构会随着"富人治村"①模式而发生变化。往往富人治村的村庄发展逻辑是建立在有支撑村庄集体经济企业的基础上,但其内在的村庄权力大体上呈现出"三权合一"模式,即"党支部的领导权、村委会的治理权、企业的经营权"相互自成一统,归于一体。如"三权合一"模式在江苏张家港市的YL村、浙江金华的HSL村等。"三权合一"模式能够极大地发挥村庄内部的积极效应,易于支配、调动村庄资源。

无论是"富人治村、强人治村、能人治村",还是"新乡贤治村",其权力结构网络的演变仍然是"三权合一"的总体趋势。其内在缘由无非是随着乡村社会场域空间的经济商品、非农化及民主化进程都已然在某种意义上建构出如上的行动架构。②事实上,从对这部分村庄的调研过程中发现,这类村庄往往都是乡村经济发展好的类型,村庄内的各类群体经济发展与公共服务获得感最强,乡村社会秩序仍旧较为稳定有序。"强人、能人、新乡贤"在村庄治理过程会逐步演化为"富人",其乡村治理终归又回到所谓的"富人治村"逻辑之中。但是这部分群体一旦掌握了村庄经济生活的重要资源,控制村集体经济的命脉,其势必会寻求对村庄实际权力之控制,进而将成为村庄权力的核心,乡村治理就违背了自治之初衷、失去了民主化之意蕴,乡村民主可能会逐渐演变成一种村庄集权。

---

① "富人治村",先富起来的能人,其可能凭借经济实力,打通上下环节,利用各种社会资源而获得权力。

② 应小丽、钱凌燕:《非农化背景下乡土公共性的再生产与乡村治理变革》,《浙江师范大学学报》(社会科学版),2015年第6期。

(三)互动与博弈

乡村村委会与基层政府之间的互动关系裹挟了乡村社会内生的主体互动,因此如何厘清这几者之间的关系将有助于提升乡村治理质量。事实上,其互动关系中亦伴生出相互反馈协同的积极效应,同时或许存有未知的非耦合性风险。乡村治理过程中的主体互动关系可以从"自下而上""自上而下"的视角来解读:

其一,以"自下而上"视角来观之,其互动实践所展现的"上下层级的隶属关系"、行动理念及对乡村治理制度安排的理解和阐释上的差异性,都在某种程度上引致了"自下而上"对接出现的行动偏差与缺陷。从对赣东北J镇D村的观察来看,其村委会的实践运作主要依据J镇的任务要求来开展工作。

> 有些村干部为了迎合镇主管干部的任务要求,有的时候就完全听从乡政府说干啥就干啥,经常还把乡里的主管领导专车接进村里。在这种情况下,很多村庄事务和开会要求并非看自己村的情况或村民的实际困难,只是为了迎合"上面",并不考虑"下面"群众的诉求。
>
> ——来自D村Z姓干部的访谈内容

如上的行为逻辑已然与《中华人民共和国村民委员会组织法》法理意义相互背离,违背了自治精神的治理初衷,进一步导致了干群间的紧张关系。但是并不是所有村庄都是如D村的行动逻辑,有些村委会对上一层级政府的态度和处理方式存在着一定的质变,"表面式的听话",实则我行我素的"自我抗争",例如在苏南地区Z市Y村,并未是以多种方式来拖延和减缓基层政府所谓的"命令性的指导",而是"绕弯子""兜圈子"来进一步地弱化、抵制基层政府(尤其是乡镇政府一级)过分干预本村庄内部的乡村公共事务之治理。从《中华人民共和国村民委员会组织法》的视角来丈量Y村"上有政策,下有对策"的行动逻辑,其村庄的抗争行动在很多情况下是符合乡村自治的原则与法理意义,也同时符合情理。

  但行动路径在多数村庄治理实践中效果明显,其村干部屡试不爽,但在某些时候"容易用过了头","有的村委会打着给乡政府帮忙治理的旗号,实际上是干预'乡政村治',公然在村委会会议上指责为对村委会'发号施令'。由此有部分村为了自身村委会集体经济,有意激化村民与乡镇干部的矛盾,就是为了钻乡里的空子"。

——来自JW镇干部的访谈内容

  事实上,在与基层政府的互动过程中,多数村委会囿于治理层级间的上下级信息不对称性,难以有效发挥其优势,热衷于玩"捉迷藏"的游戏,从而达到基层政府间的博弈抗争之效。

  其二,以基层政府"自上而下"的观察视角来看,基层政府仍沿用传统的惯性思维来"领导"村委会,而非"指导"村庄业务。行政化驱动乡村治理模式会进一步弱化自治之实效,亦摒弃了基层民主的权力治理之道。基层政府在发展过程中仍未超脱"政绩锦标赛"[①]的主导逻辑。事实上,在基层政府任务型组织的"政绩"引导下,乡镇一级政府只是为了完成上面各层级政府指派的各项指标任务。此外,基于乡镇政府的自身利益,片面性追求一种

---

① 徐娜、李雪萍:《共谋:压力型体制下基层政府的策略性回应》,《社会科学论坛》,2017年第9期。

"高速度、高负荷"的指标业绩,加剧了村庄治理的外部压力。[①]换言之,在如上所形构出的压力型体制下,乡镇政府会大量借助于行政化的指标来命令下属村庄达成指标性任务的完成。

> 我们村集体经费拨款主要是由镇政府来拨钱的,但这种做法对于我们干事,给村里干活带来一些小困扰。其实很多时候是有心干活,但钱不宽裕。总体说来总想干好事,但是往往变成了"好好干事就行"。
> ——来自D村Z姓干部的访谈内容

事实上,如上所访谈的乡镇已经剥夺了原有村民群众对村庄治理过程中的财务监督权力,而将监督权放置于本乡镇政府之下,即所谓的"村财镇管"。"村财镇管"在某种无形的制度空间下享有对村庄财政经费的自由支配权。如若乡镇政府仅仅只是出于形式的代管尚有经济效应可言,然则实践调研反映出乡镇政府更多的是对村集体财政经费的"觊觎"。[②]如D村主任所言,"村会计只管账目,经费超过多少的审批权是在镇里,我们也无可奈何"。

(四)主体利益博弈

作为一项自治制度的乡村治理,其内在权力运行、结构行动及其所内嵌的利益关系——主体资源分配,都在其内在演化发展过程中得以秩序重构。村两委作为连接乡村场域内外空间的"桥",嫁接了国家力量与乡土社会力

---

① 严宏:《压力型体制与农村基层服务型党组织建设——基于安徽省宣城市Y乡的分析》,《安徽师范大学学报》(人文社会科学版),2013年第6期。
② 顾飞、李文博:《"村财镇管"运行现状及其完善对策探讨——基于重庆市巴南区的实地调查》,《会计之友》,2016年第2期。

量的互构关系,其所扮演的是乡村治理格局内在的"大管家"之角色,进而演化为"双面-代理人"之角色。由此,村委会与乡镇政府、村民这三者主体在乡村空间得以实现"空间化"链接。事实上,"双面-代理人"之角色使得基层政府与乡村社会的关系与信息传达更为通畅,大大降低了因区位地缘等空间要素而引致交易成本的增加,最终促成乡村良性集体行动的达成。基于当下乡村振兴战略的乡村空间场域的"进场",国家战略方针、制度安排与乡村政策的在地化实践,乡村社会场域内的主体活力得以勃发,各方主体所能俘获的资源与利益呈现出差异性,乡村社会阶层日益分化。① 由此,如何辨识并厘清乡村社会场域空间内的利益主体行动,有助于阐释其各方主体的逻辑关系,具体如图3-2所示。

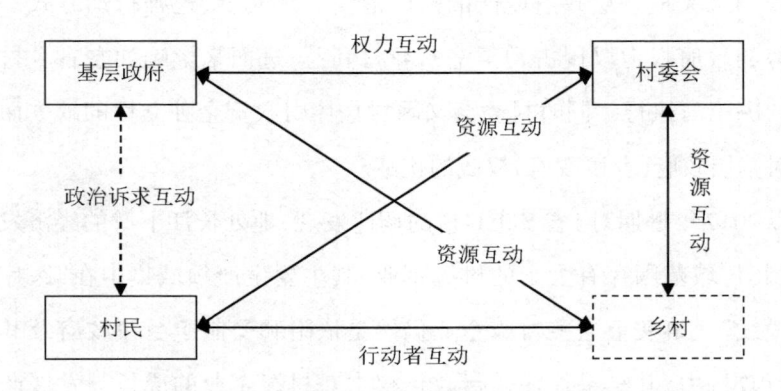

图3-2 乡村治理的利益主体互动博弈关系

事实上,乡村社会场域空间内谁掌握乡村社会资源,谁在村庄内部的话语权就势必会更容易被吸纳,进而在互动博弈过程中占据主导地位。当前乡村的现实图景在更多层面上呈现出基层政府(行政权力)、村委会(自治权

---

① 詹国辉、张新文:《农村公共服务的项目制供给:主体互动与利益分配》,《长白学刊》,2017年第2期。

力)、村民(民主权利)借助乡村这一空间载体相互作用与互动博弈,进而演化为一方行动主体为了获取乡村资源而将这一资源纳入主体互动过程,以便于形构出主体权力互动之格局,实现了权力、资源在行动者间的往复叠加与互动,进一步促使权力、资源的相互转换。这种互动博弈逻辑集中体现为"权力互动—行动者—资源互动"(详见图3-2)。

一是基层政府(乡镇政府)与村委会的互动博弈。基层政府尤其是乡镇级政府作为国家力量进驻乡村场域的直接行动者,其所担负着乡村公共事务治理(乡村经济及其产业结构的规划、调整,乡村基础设施的修建与管护,乡村公共服务供给,乡村社会矛盾关系的化解等)的职责。[①]随着农业税费改革后,乡镇财政实力被进一步削弱,由此乡镇政府借助于经济化手段("村财镇管")来完成基层政府职能的财政落实。事实上,这种行动方式是借助于强势的政府权力以侵占乃至垄断乡村利益,进而来影响和左右乡村公共事务的决策与执行。同时村委会又因村集体财政资金独立性的缺失而无法构成对基层政府(乡镇政府)权威的挑战。

以2017年暑期对J省Y市G村的调研发现,地处长江下游的经济发达型村庄,其村域范围存有大量的村级企业,其主要生产领域集中在"医疗器械和光缆线"。事实上这些村级企业仍然是依附和受制于乡镇政府及其村委会的行政权力,其结果往往是行政化权力对村级企业的成长与发展产生主观性影响。从应然逻辑的本位思考层面上,乡镇政府作为一个乡村治理的服务者及其保护者之多重合一角色,其在乡村治理及乡村发展过程中演化为一个集多重利益于一体的既得者。

之所以会发生如上的行动逻辑,其内在缘由在于:其一,县乡层级政府

---

① 张新文、詹国辉:《公共服务的财政投入促进了农村社会发展吗?——基于江苏(2010—2014)面板数据的量化研究》,《宏观质量研究》,2016年第3期。

间的压力型体制,使得县级政府对乡镇政府形构出了一种"任务型的指标治理"[①]逻辑,换言之,"政绩锦标赛"这种"任务型的指标治理"具体落实在"乡镇经济、信访治安、精准扶贫"等多维指标任务。其二,村委会作为乡镇政府在村庄内的实际代理人,基层政府的政策都需要依赖村委会具体贯彻落实,否则容易致使政策在地化实践的偏差。换言之,村委会作为乡镇政府在乡村空间内"行走的拐杖",一旦村委会的缺位就必然会造成政策落实乡村"行走不便"之困境。从逆向维度来看,正是基于乡镇政府的利益驱动,村委会有了同乡镇政府抗争与互动的资本,会进一步让基层政府让渡出一部分政策和权力空间,以便于村委会能直接获取更多资源。其三,乡镇干部与村干部的合谋,进而演化并形构出乡村内的"新权势"阶层,或者说是"干部利益群体"。以赣东北W县J镇D村来看,因"村财乡管",D村财产被交付到J镇农经站来进行统一配置和调度,但是J镇农经站是J镇政府下属的职能办公室,势必需要听从J镇镇长的安排。尽管村委会对财政资金及其村集体资产拥有所有权,但处置权的向上收缩使得实践治理过程中为乡镇干部与村干部之间提供了"机会方便",从现实效果来看,反而会限制村委会的具体使用权。由此看出,乡镇政府与村委会之间的互动博弈并非简单式的"零和博弈(Zero-sum Game)",亦非双方主体间的"消长效应",其实质更多表现为一种合作式博弈。

二是村委会与村民的互动博弈。在乡村场域空间中,以村委会及其主要干部成员为代表的乡村权力主体为了获取村庄资源,以便于将这部分资源转化为经济财富和更多的权力归属,对村庄集体资源支配权的寻求与争夺,演化为了由村委会动机及其目标所形构出的主体行动模式。无论是富人治村还是能人治村,其内在行动主体无非是不同的治村主体而已,其内在

[①] 欧阳静:《"维控型"政权 多重结构中的乡镇政权特性》,《社会》,2011年第3期。

的行动逻辑仍然是治村主体以多方式、途径("偷梁换柱")尽可能地为自己及其村委会获取资源,进而通过对资源支配权的处置以扩充自身及其村委会的权力范围及其边界,同时亦提高了自我在村庄内部的地位和威望。[1]

作为互动博弈的另一方主体——村民而言,其在实然逻辑下应当归属为"治村权力的委托人",将自身权力让渡出来,并委托村委会及其村干部代为行使。在理论维度上,村委会及其干部成员应当是由村民直接选举投票决定的,使得村民对村委会及其村干部的任职、乡村事务的治理及乡村公共服务的供给能够有参政议政之权益,进而限制了村委会及其成员间的主体力量的发挥。[2]但从实践维度的调研反馈情况来看,村委会和乡镇政府的互动博弈("讨价还价")过程中,已然获取了上级政府的政策扶持,资源与信息的优势内容使得村委会优于村干部,实现并占据了乡村话语权。

> 当村里面要执行镇政府的任务时,村委会会把平常平缓权力撤掉,直接强势。比方在计划生育、征兵、农产品种植补贴和订购等政策方面不直接与村民商量,由村民负担,村委会"有机会"借此"大做文章",有些时候为此不择手段。实际,在村里,村委会的权力最大,比如要顺从的话才会有"安稳日子"过,如果反抗或对抗的话就会有"毛栗子吃了"。
> ——来自赣东北D村H村民的访谈内容

如上的访谈显现出,在赣东北相对封闭的传统村庄中,多数村民仍然处于极其被动、几乎"任人摆布"的弱势地位。正是基于村委会及其村干部的强势地位,其所拥有的权力、资源与信息的优势,使得双方主体的互动博弈

---

[1] 仇叶:《富人治村的类型与基层民主实践机制研究》,《中国农村观察》,2017年第1期。
[2] 魏程琳、徐嘉鸿、王会:《富人治村:探索中国基层政治的变迁逻辑》,《南京农业大学学报》(社会科学版),2014年第3期。

之行动起点就呈现出差异性,博弈的结果总是村委会"成为赢家"。

三是乡镇政府与村民的互动博弈。事实上,当基层政府在与村委会互动博弈之时,基层政府需要考虑广泛范围内的普通村民的生存与发展近况,尤其是对村民达成共识的问题与利益选择。如若基层政府无法妥善处理,势必会影响乡村社会稳定,会进一步动摇和弱化基层政府在乡村社会场域空间内的基础保障。换言之,乡镇政府在对自身经济利益和政权基础的权衡之后,乡镇政府会让渡一定的权力和牺牲自我利益以寻求广大村民在整体稳定格局下阶段性平衡局面。这一阶段下,乡镇政府一般会"维护村民利益",以代言人身份来为村民谋求公共利益和社会公道。在此行动博弈过程中有一点不可忽视,囿于基层政府与村民在权力、资源、信息等维度上的不对称性,即便存有村民的"生存和发展"等民生困境,其更不会成为基层政府在乡村治理的一个"刚性化指标",基层政府自然不会将其归纳为一种"政绩式的任务"[1]。换言之,基层政府在日常乡村事务的治理过程中,其"弹性思维"使得日常治理行动效果受损,村民根本利益并非基层政府治理行动的全部逻辑起点。[2]事实上,正是基于基层政府治理行动的"可操作、可执行的机制",乡村治理呈现出一种模糊化和复杂化之景象,增加其治理行动之不确定风险,外部监督的村民自然难以形成对基层政府的有效约束机制。由此可以认为,基层政府与村民间的互动博弈是在"极不对称的且不完全"状态下所形构出的一种具有弹性且兼具政治属性的互动博弈之现实图景。

总而言之,从上述多方主体的互动博弈过程来看,基层政府(乡镇政府)和村委会是互动博弈的优势主体。但是囿于信息不对称及治理链条上信息反馈的模糊化和层级递减性等因素,使得处在乡村治理行动链条上的中间

---

[1] 陈水生:《从压力型体制到督办责任体制:中国国家现代化导向下政府运作模式的转型与机制创新》,《行政论坛》,2017年第5期。

[2] 李海青、赵玉洁:《压力型体制的治理限度及其调适》,《理论视野》,2017年第9期。

主体——村委会构成了关键性的"桥"。村委会无疑是"'游戏'——乡村治理"的先行行动者,同时亦是乡村治理行动链条上的关键环节。原因在于村委会在乡村治理行动中占了信息维度上的极大优势(信息反馈的"先在性和快速性、清晰性"),进而可以顺势观察和透析乡镇政府和村民的行动逻辑(乡土话语中的"行走路数")。因此,在乡村治理的互动博弈过程中最大的受益主体应当是村委会,毕竟其为整个乡村治理互动博弈游戏的"轴心"。亦即无论乡镇政府和村民在乡村治理行动中最终获利情况如何,其"轴心"主体——村委会仍然是这场互动博弈的"赢家"。但需要指明的一点是,乡镇政府在如上多方主体互动博弈游戏中始终扮演着既是"总导演"又是"裁判员"的双重复杂角色。由此看出,乡镇政府在如上互动博弈图景中起到了绝对主导之作用,亦为调整乡村利益分配格局、化解乡村矛盾、理顺乡村社会秩序的关键角色。

二、公共服务的供给体系

(一)乡村公共服务供给的历史流变

1.公社统治:制度隔离型碎片化

制度隔离型碎片化是指乡村公共服务供给在人民公社体制的限制下,使得公社之间在乡村公共服务供给过程中很难实现资源流动与优化配置。①在人民公社时期,整个社会形态是"强国家,弱社会",国家权力已然触及每个社会角落,政府对社会民众的庇护性控制达到了顶点。基层政府(县级政府、人民公社)作为乡村公共服务供给的应然主体,但囿于当时国家财

---

① 张新文、詹国辉:《整体性治理框架下农村公共服务的有效供给》,《西北农林科技大学学报》(社会科学版),2016年第3期。

政的现实及"重工轻农""重城抑乡"的发展次序,由于所供给财政资源的有限性,农村居民所获得的公共服务是一种低水平的覆盖。同时缘起于当时"农业哺育工业"的制度设计,致使了乡村公共服务的供给在两种不同的制度环境下低度发展。但是必须看到的是,对村民而言,涉及公共服务供给成本的分摊主要是在各个村集体内部预先配置,县乡级政府再通过制度外的途径进行资源的例外划拨,人民公社的集体生活与生产方式造就了农民对可支配收入的剥离。这种公共服务供给成本分摊的现实,限制了农民个体收入使用与配置的自由度,进而降低了农村参与公共服务供给的积极性。需要注意的是,乡村公共服务供给成本的分摊机制是比较隐性的,这种隐性机制有可能逐步发展和演化为供给机制的核心。其实践反馈表明,人民公社时期乡村公共服务最终的供给水平稍显低下,仅仅能达到新中国成立之前传统乡土社会中的"自给自足"水平。人民公社时期对乡村公共服务供给的运转逻辑与传统乡土社会相比并无明显的差异,其微小的差异仅仅体现在传统乡土社会是以个体家庭为单位,而在人民公社时期主要是以公社为单位。[①]

这种公社集合体只是把村落内部的各个家庭整合为农村共同体,进而将原子化的农村家庭通过小农经济的集体规模化发展,其最重要的成就体现在那个时期对于公共基础设施,如水利工程、土地整治、村级交通、农技推广等方面的重视,其下设的各个生产队在农村区域中执行公共服务供给事务时,也需要得到上级人民公社的批准。这些范围的局限性客观反映出乡村公共服务供给在公社体制下的内部消化,其并不需要借助于外部协作进行整合。这种公社内部的自主性供给模式是通过对原子化或分散化的个体

[①] 范和生、唐惠敏:《新常态下农村公共服务的模式选择与制度设计》,《吉首大学学报》(社会科学版),2016年第1期。

单位进行资源整合并得以实现供给,造成了人民公社时期乡村公共服务供给碎片化的现实,同时这种供给碎片化处于比较低的水平。

2.摊派筹资:财政资源匮乏型碎片化

资源匮乏型碎片化是指乡村公共服务的供给资源获取渠道局限于财政支出(国家与县乡财政)的有限性,致使乡村公共服务供给只能依靠农村家庭为单元化的摊派筹资供给模式。从1981年初开始在全国范围内实行"划分收支、分级包干"的财政新体制,在某种程度上明确划分和界定了中央与地方政府的财政收支范围。而在农村区域主要是执行"核定收支、收支挂钩、定额上交或定额补贴、超收分成、一定三年"的农村基层财政管理体制。这种财政管理体制(在社会中或称为"分灶吃饭"),实现了固有人民公社体制的统收统支,由此可以有效实现和调动农村区域基层财政收入的积极性。[①]改革开放以后为了有效拉动地方经济的发展,激活地方财政增收的积极性,地方政府采取财政包干体制,一方面增加了地方政府的财政收入,换句话说,"包活了地方政府",而另一方面却"包死了中央政府",中央政府的财政收入日趋紧张,造成乡村公共服务供给经费的逐渐减少,见图3-3。

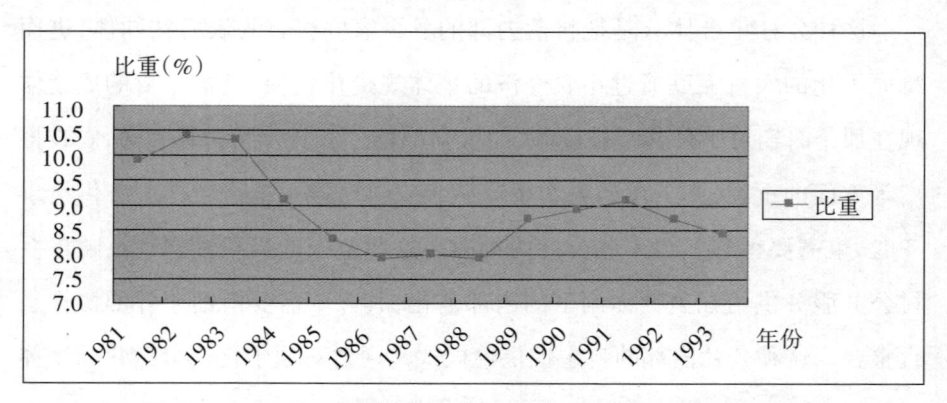

图3-3 1981—1993年中央财政用于农业支出的比重变化趋势

数据来自中国统计年鉴(1981—1993年)

---

① 林万龙:《中国农村公共服务供求的结构性失衡:表现及成因》,《管理世界》,2007年第9期。

图3-3反映出了,从1981年国家财政用于农业支出比重的9.9%降低至1993年的8.4%。不仅如此,在改革开放初期施行"财政包干体制"在一定程度上激发了农村区域基层政府的财政增收的活力,但从实践中反馈的是这部分基层政府的财政增收值也仅能够维持其日常开支与人员工资,其财政收入余额投入乡村公共服务的供给徒有形式,势单力薄。[1]同时农村区域的基层政府几乎是以"一事一议"的摊派筹资供给模式实现乡村公共服务的及时供给。[2]在这个阶段,基层政府的财政对其自筹资金的依赖度也表现为递增趋势。随后家庭联产承包制在全国范围内普遍实行,旨在有效调动农民与公共服务供给参与的积极性。但必须看到的是,包产到户的直接后果是农业生产与经营回归到传统小农的"自给自足"发展模式,其生产经营的原子化与分散化特征,加剧了基层政府在统筹资金上的难度。

由此可见,在分税制改革之前阶段,国家财政支农在财政包干体制下表现为"有心无力"状态,乡镇基层政府对农村区域公共服务供给已然是无暇顾及,同时筹资的难度又进一步加剧了农村区域内部的资源匮乏问题。[3]而这种匮乏势必又会引致乡村公共服务供给过度依赖于基层政府的"摊派筹资"。其内部供给张力的不足、非制度化,以及不确定性、随机性和外部农村环境复杂性等都造成了乡村公共服务供给呈现出分散化和碎片化的形势。

3. 转移支付:府际竞争型碎片化

府际竞争型碎片化是指在经过1994年分税制改革和2003年农业税改革,财权上移至中央政府,地方省份的财政收入日趋紧张,进而引致了"财权

---

[1] 张新文、詹国辉:《公共服务的财政投入促进了农村社会发展吗?——基于江苏(2010—2014)面板数据的量化研究》,《宏观质量研究》,2016年第3期。

[2] 范逢春、李晓梅:《农村公共服务多元主体动态协同治理模型研究》,《管理世界》,2014年第9期。

[3] 何精华、岳海鹰、杨瑞梅、董颖瑶、李婷:《农村公共服务满意度及其差距的实证分析——以长江三角洲为案例》,《中国行政管理》,2006年第5期。

与事权"的非均衡化匹配,并且这种趋势随着时间的推移越发严重。省级以下政府,尤其是县、乡基层政府在供给乡村公共服务过程中在相当程度上依托于以项目为实践载体的转移支付来实现有效供给。在这种供给模式中,乡村公共服务是有限稀缺的项目,易造成各地方政府特别是县乡政府为项目相互竞争。政府间竞争的效应引致了府际合作的缺失,最终致使乡村公共服务在基层供给层面的碎片化。

为此,中央政府为重新配置央地财权,扭转"财权与事权"的均衡配置,启动分税制改革。从1994到2010年间,中央与地方财政收入之比演变趋势见图3-4。

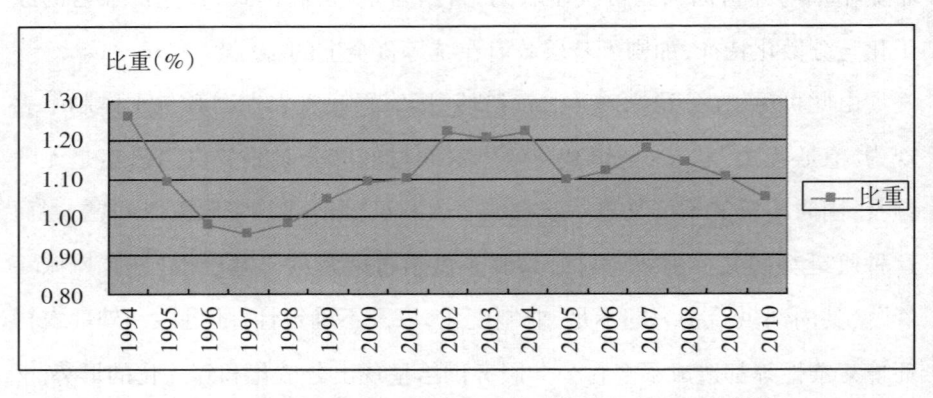

图3-4 1994—2010年中央与地方财政收入之比变化趋势
数据来自中国统计年鉴(1994—2010年)

数据显示,1994年央地之间的财政收入比为1.26∶1,此后中央政府的财政收入一直超过地方政府,直至2010年中央与地方财政收入之比达到1.05∶1,再加上2003年农业税费改革之后,取消了"三提五统",农村区域发展失去了财政资源的保障,基层乡镇政府俨然成了"悬浮型政权"。基层政府(乡镇政府)行政结构的非完备性,加上财政独立性的丧失,乡镇政府的施政能力和方略设计都有待考究。取消农业税使得乡镇政府财政收入大幅度减少,政府的社会职能进一步减缩,本应建立在乡镇政府与村庄农民之间的信任机制也随农业税费取消而被瓦解。在农村区域,村庄内部所面临的公共服务现实供给问题是依托政府层面的"财政转移支付"来化解的,具体供给载体主要是通过项目来实现财政经费的转移支付。以全国农业综合开发项目为例,其公共财政经费一直处于主导地位,对农业生产服务项目的总投入比例始终要高于自筹经费,随着时间的推移,这二者之间差距呈现出不断扩张之趋势,项目工程对各层级政府转移支付经费的依赖度越来越高。[1]依托于"项目制"的公共服务项目,是一种由中央政府的项目发包至基层政府,并经过各层级政府的项目"流转与截留"及转包,其经费也是有限的。而在"绩效考核"为核心的压力型体制下,为了获取"有限的项目",形成了非良性化的"府际竞争",诸如"向上层级跑项目、跑项争资"等相互竞争样态,以期实现地方政府政绩工程的快速化完成,同时也为政府官员晋升创造了考核基础。[2]

从纵向层级维度来看,在农村区域相互竞争态势环境中各村庄为了实现村庄个体的有效发展,以及应对和缓解乡镇政府的绩效考核压力,县乡政府将"项目分包"到各个村庄,但是这部分项目资金呈现出分散化及细碎化的特征。而从横向职能维度来看,项目抓包和发包是依据项目属性分散于政府内部的相关职能部门。在压力型的考核体制下各村庄也必然会向县级政府的相关职能部门申请项目,以此来获取乡村公共服务供给所需的项目经费。但是必须看到的是向上级政府申请项目的过程是一种自下而上的态势,也容易造成"重复立项"的浪费现象。

---

[1] 张卫静:《我国新时期农村公共服务体制研究》,《山东社会科学》,2014年第7期。

[2] 詹国辉、张新文:《农村水利设施整体性供给与社会资本的关联效应测度》,《西北农林科技大学学报》(社会科学版),2017年第5期。

4.公共财政:支农资金使用与管理的碎片化

在公共财政体制下,支农资金是化解当前"三农"问题的经费保障。但支农预算管理是以前一年的实际支出为核算基准,并没有以农村区域和农村居民客观真实的意愿需求为根据来确定支农范围和资金比例,最终导致了中央及地方政府对农业领域的经费投入无法构成支农资金的现实整合力量。在对乡村公共服务供给过程中,供给资金主要是依托专项性资金,但是这部分资金从中央到地方政府呈现出规模化流转的态势,势必会形成"条块化",进而导致财政支农资金未能实现统筹与整合。[1]一旦达到县、乡政府层级,支农项目资金被条块分割严重,易发生支农资金使用和流转的分散化。支农资金专项分配过细及各项专项之间未能形成整合,使得支农资金未能实现乡村公共服务供给的实效。比如边远山区的教育机构,设立了小学和学前幼儿园的专项资金,但是当建成之后往往又发现未能建立教师培育的专项资金,故此整体上改善农村区域学前和小学教育的目标很难实现。不仅如此,在对支农资金的使用过程中还存在"资金部门化"的问题。例如,支农财政资金下发到A部门的资金可能用不完,而B部门可能资金不够用,但A部门的资金不可能调剂给B部门使用,更不能有效回应乡村公共服务的现实需求,也由此降低了支农资金的使用效能。从中央层面来看,参与支农资金分配与管理的部门有国家发展改革委、民政部、农业农村部、水利部、自然资源部、扶贫办等十部门,以及其他涉及支农业务的部门,总数多达近20个。其中支农专项和投入资金配置表现出严重的"条块分割"现象,造成支农资金的部门分散化和碎片化。

---

[1] 翟军亮、吴春梅、高韧:《农村公共服务决策优化:目标系统结构、作用机理与影响效应》,《中国农村观察》,2014年第1期。

(二)乡村公共服务的现实样态

当前乡村治理仍然会陷入乡政村治的现实困境之中,其缘由不仅仅是囿于压力型体制之运行逻辑,亦非不健全的财政体制("镇预算县审批、村财镇管"),根子在于乡村治理结构的不完善。本质上来看,乡村现实治理结构仍然是一种失衡性权力垄断式的治理结构。[①]具体来看,乡村公共权力向上收缩为乡镇政权集中,进而向乡镇政府内部的极少数人"接管",同时再由这极少数人"向下授权"于村委会,由此看出,乡村内部的公共权力基本上由乡镇政府和村委会内部的"极其少数精英"所垄断。如上的乡村治理不完善结构进一步引致了乡镇政府由村庄自下而上的制约监督的缺位困境,但上层级政府的政绩式压力型体制又无法有效形构出自上而下的约束,因此在这种畸形化的政府激励机制和因农业税取消后乡镇财政困境的现实驱动下,基层政府会进一步将权力之手向村庄内部"深入",以便于向下稀释村庄集体资源。

在这一行动逻辑下,村委会作为基层政府进驻乡村场域的代理人,其所扮演的角色替代效应会不断被放大,如何来审视"双重代理人"效应成为乡村公共服务供给的主要内容。但随着现代性不断侵入乡村场域,工商资本不断进驻村庄,大量三农政策制度安排及其所裹挟的各种三农项目被源源不断输入各大村庄。诚如徐勇所言,乡镇政府已然被上下统筹后成了"悬浮型政权"。正是基于乡镇政府的角色作用的不断演变,中间桥的角色转变为独立于上级政府(国家力量)和村委会及其村庄村民(社会力量)之外的"他者主体"。这种充斥了独立性的利益追逐主体(乡镇政府),与其他相关利益

[①] 周生春、汪杰贵:《乡村社会资本与农村公共服务农民自主供给效率——基于集体行动视角的研究》,《浙江大学学报》(人文社会科学版),2012年第3期。

主体的博弈演变为全面化的互动博弈格局。从乡镇政府历史演变的视角来看,改革开放后"乡镇政府—村委会"替代了原有的"人民公社—村大队",乡镇政府在政治体制内被授予一定的乡镇财权(向村庄收取农业税费),其财权保障效应主要是承担其向乡镇辖区内的乡村公共服务的供给。但乡镇财政不可能有足够的财力支持乡镇政府和乡村公共事业建设,事实上村庄内部的部分乡村公共服务并未纳入乡镇财政收支,由此乡镇范围内的部分乡村公共服务仍属制度外公共产品,其结果是村民需要自我分摊制度外乡村公共服务的成本。

尽管各级政府建立合理有效的供给体系,以促进城乡共同发展,大力追加乡村公共服务的财政投入力度,党的十八届三中全会后,大力推进和践行了城乡公共服务均等化的国家战略,乡村公共服务供给绩效得以改善,但其供给现实样态仍然凸显了一部分障碍,具体如下:

1.供给总量仍显不足

对于乡镇政府而言,在农业税费改革之前,乡村公共服务供给除了依托于乡镇财政外,还借助于"制度外的筹资(收取农业税费)"。但在21世纪初(2003—2006年),农业税费取消的制度背景下,"制度外的筹资"亦被取消,乡镇政府财政禀赋被弱化,其所供给乡村公共服务职能自然就被削弱了。为了应对这种现实境况,中央及各省市政府通过转移支付(Transfer Payment)等手段,以便于夯实对乡村区域的供给能力。由此,乡村公共产品的供给筹资渠道已经由传统村落自我承担,转到"一事一议"资金,以及以县级及以上财政的专项资金投入为主。

综观中国地方政府的行政体制,其"两纵一横"财政运行逻辑已然制约了基层政府的事务治理和社会发展。具体而言:大量公共事务以"自上而下的行动逻辑"从中央政府向基层政府不断下放治理责任,同时要求各级政府担负因公共事务治理而增加的财政支出,又以"自上而下的行动逻辑"要求地方政府层层向上收取财权(自分税制改革之后,其行动趋势愈发明显)。[①]同时在各级政府内部,各项财政资源及其财政支出都不由自主地偏向于城市区域。更为"雪上加霜"的是自2003年农业税取消后,基层政府尤其是乡镇政府已然成为悬浮型政权,因乡镇政府原有的农业税费收取(固定的财政收入来源渠道缺失)的进一步被取消,乡镇政府的财力急剧收缩。从对"扬州市H区TQ镇财政所"暑期实践调研的反馈情况来看,TQ镇财政所的乡镇财政预算并未有自主编制权限,基本上是由H区政府内部的财政局与区发展改革委协同编制。换言之,乡镇政府大量的事务治理所需的财政经费仍然是由上一层级政府所把控,财政自治权严重丧失。TQ镇的乡村公共服务仍然是由政府的财政转移及各个村委会内部的"一事一议"制度自主筹集资金。但在实践中"每年年终的大量行政开支仍需要乡镇政府领导带着财政所及村委会的主干人员到H区各相关部门'跑项目经费'"(来自TQ镇财政所的访谈内容)。对于村庄而言,每年年终所筹得的村集体资金并不能有效满足乡村公共服务的实际需求。

2.供给结构失衡

乡村公共服务的供给关乎乡村治理、社会发展及村民群众的切身利益。村庄内部需要何种样态的乡村公共服务,通过何种供给方式来完成乡村公共服务的提供,仍然需要以村民群众的切身公共利益为出发点和聚焦点。从对"扬州市H区TQ镇G村支书"实践调研的反馈情况来看,"村里面的乡村公共服务有所改善,满足了村庄内部的村民所需,经费主要投放到农业生产和村委会开支层面"。事实上,村里面的"急需"性乡村公共服务("河长水治、美丽生态乡村")仍然显示不足之态势。

---

① 陈荣卓、祁中山:《农村公共服务社会化改革再深化——湖北省"以钱养事"改革的观察和思考》,《社会主义研究》,2014年第6期。

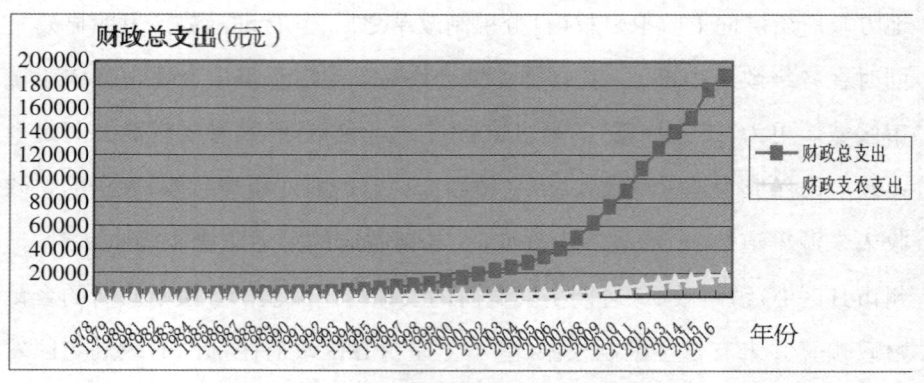

图3-5 财政支农支出资金与财政总支出的比较

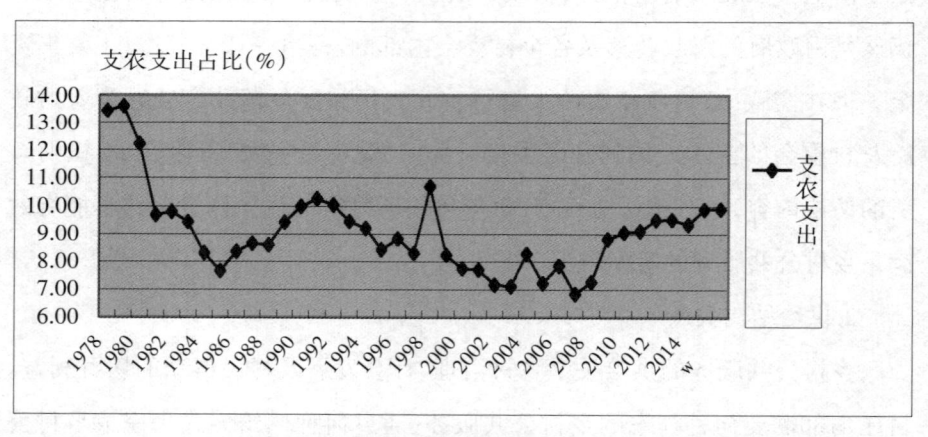

图3-6 财政支农支出占财政总支出比的时间演变趋势

从20世纪70年代末开始,中国经济发展态势呈现几何速度的增长,中央和地方财政实力显著提升,财政支出呈现出同步增长之趋势。从图3-5中可以发现,财政总支出在2005—2006年开始呈现出显著性增长趋势,支农支出从1978年的仅仅150.66亿元(占当年财政总支出的13.43%),增长到2016年18587.36亿元(仅占当年财政总支出的9.90%),增长了122.37倍。如图3-6所示,财政支农支出的占比从1978年到2016年的演变趋势总体呈现出"波浪式的变化"。仅仅在1978—1979年达到最高值,而在2006年农业税费全部取消后2007年降到"波谷",占财政总支出的6.84%。

此外,有必要比较财政支出的增速与财政支农资金增速的对比情况,如图3-7所示。从上述两者的对比情况来看,财政支农资金的增速较为不稳定,不如财政支出的增速稳定。另外,财政支农资金的增速在1980—1981年及1999年都是低于零值的负数,而其他年份都是正数值。在1978—2016年的近40年中,有16年的财政支农资金增速是在10个百分点以下;还有10年的增速介乎于10%~20%之间;此外有12年的增速超过20个百分点,具体集中在2005年以后,但在此排除了个别年份的差异值。

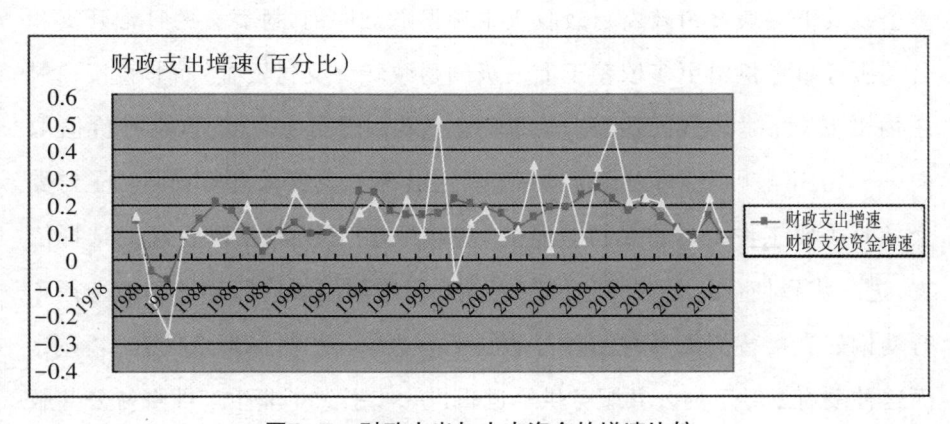

图3-7 财政支出与支农资金的增速比较

乡村公共服务供给改革在决策形成之前,乡镇政府和村委会等主要责任人应当通过相应合理合法的程序,以求全面了解本村委会和村民对乡村公共服务的真实需求,进而制定有效的供给项目规划,严格予以落实。但从文献及现实维度上的调研反馈情况来看,在2003年农业税费改革之前,乡村公共服务的供给主要是依赖于"自上而下"的乡镇及其上级基层政府的行政化渠道。在2006年全面农业税费取消之后,多数村庄内部的乡村公共服务依托于上级政府的财政转移支付资金(比重较小),更多的是村庄内部村民群众以"一事一议"的自主机制来达成村庄乡村公共服务的选择性供给,其选择性逻辑更符合村庄内部自主性治理的行为逻辑,同时亦能提升村庄乡村公共服务的供给质量。[①]2012年4月《国务院办公厅关于进一步做好减轻农民负担工作的意见》就曾指出:"规范实施村民一事一议筹资筹劳,要充分尊重农民意愿,严格规范议事程序,准确界定适用范围,合理确定限额标准。"但在对赣东北W县D村的调研中发现,囿于村庄内部民主决策的失范,使得民主化的决策和选举以个体中心论,而非村庄自治式民主,存在"暗箱操作、派系明争暗斗、乡镇政府插手"等违规性操作,如上因素都在一定程度上引致了乡村公共服务的供给"非有效性"。农业税费改革的实行,使得村委会及其上一级乡镇政府财政收入来源渠道被取消,村委会的日常开支和公共服务事务供给更多依赖于上一级的财政转移支付资金,而非直接在村庄内部获取。如上的行动逻辑即转化为"一心对上",并非原有价值取向——"上下兼顾"。村委会的"一心对上"逻辑在现实治理行动昭示了村委会及其主要工作人员将乡村政府的"利益喜好"作为其治理行动的选择依据,进一步致使乡村公共服务供给实践过程中基层政府行动的利益选择和行动偏好直接替代了乡村治理行动的服务对象——村民群众的真实需求。而这种政府主导下的公共服务供给逻辑进一步引致了非生产性乡村公共服务现实供给的"相对过剩"(Relative surplus)。但是如上的"替代物"——以凸显基层政府的政绩项目却纷纷被"搬上马",而诸多非经济绩效的公共服务(基础教育、乡村卫生服务、基础性社会保障)则是以"短缺"形式呈现在乡村场域空间之中,最终因供给结构的失衡会引致乡村公共服务供给非有效性。

[①] 夏玉珍、杨永伟:《淡漠与需求:农村公共服务表达问题研究》,《中南民族大学学报》(人文社会科学版),2014年第6期。

3.财权与事权不对称

自1994年分税制改革之后,央地政府间的财权及地方各级政府间的财权分配问题,在基层政府(乡、镇层级)并未有例外。在这一制度背景下,财权被自下而上逐层地向上收缩,中央政府拥有财税收入的最大配置权力,但这一制度安排反射到乡镇政府则可以显见的是,乡镇政府的财权与财政资金空间被逐一层级压缩,尤其是在2003年农业税费改革之后如上的恶性效应愈发明显。但在事权上,囿于压力型体制的体制缺陷,上一级政府将本应由自身这一级的事务以权力管辖为由,下沉于下一级政府。[1]如此往复,最终的指标性任务逐级被下放到乡镇政府。正是基于乡镇政府这一级的财权与事权的严重不匹配,大量乡镇政府"欠下了"巨额乡镇债务。

> 债务余额总计22538.16万元,均为乡镇政府负有偿还责任的债务,其中:2015年形成的12800万元占56.79%,2014年形成的2259.39万元占10.03%,2014年以前形成的7478.77万元占33.18%。
> ——来自浙西地区SZ镇财政所的经验证据

> 本乡镇政府目前债务总额为543.54万元,其中基础设施建设性债务162.43万元、原镇办企业性债务265.36万元、行政性债务115.75万元。上述债务资金主要来源于银行贷款。
> ——来自赣东北JW镇的经验证据

根据不同地区乡镇债务对比发现,乡镇债务的区域性差异愈发明显。事实上,乡村债务会沿着一种所谓的马太效应而恶性循环发展,甚至如乡土

---

[1] 林万龙:《农村公共服务市场化供给中的效率与公平问题探讨》,《农业经济问题》,2007年第8期。

话语中的"越穷越穷"。有学者提出,以一种保守数字计算,当下中国"乡镇政府债务"正在以每年200亿的速度在不断增长。①

为了应对上述的财权与事权不匹配的状况,基层政府大力推广"乡财县管",同时浙江省尝试实施"强镇扩权"等特色改革模式。前一种改革模式在推行后,确保了乡镇工作人员工资能自主发放,减轻了供养乡镇政府的财政压力,杜绝了乡镇政府新增乡镇债务。但从财权与事权均衡配置视角来看"乡财县管"改革模式进一步诱发了财权与事权的分离,实质引致了乡镇政府的公共乡村事务能力之削弱。从实然逻辑来看,公共事务治理之道中的"财权-事权"配置原则是由"所确定的事权为先,再匹配相应的财权"构成。换言之,遵循"权随事走,财由事定"的原则。如若在无法明晰公共事务职能及其所确定的事权之大前提下,仅仅只是对"财权"在县乡两级政府间进行纵向划分,无法厘清并探寻出乡镇政府改革与治理的内在症结之所在。与此同时,"乡财县管"之后,财权相应向上收缩到县级层面,其财政支出责任(乡镇公共服务供给义务)一并向上转移至县级政府。但从实践反映情况来看,赣东北JW镇及其相似的乡镇,都需要面对义务教育和基本公共卫生服务的供给责任,但事权被转移到县政府的垂直职能部门后,其部门间的操作缝隙愈发明显。同时乡镇政府还需承担乡道村道及农田水利等公共服务支出,乡镇政府只能通过预算外的收入得以弥补之前的资金缺口。在2003年农业税费改革后,乡镇政府预算外收入的途径只有三种:一是乡镇企业的管理费;二是社会募集资金,招商引资;三是"向上跑项目跑资金"。从对赣东北JW镇、江苏Y市H区TQ镇的调研看,后两种是当下乡镇政府预算外收入的主要来源。

总而言之,随着我国基层政府的财政和分税制的制度化治理,在税收层

---

① 宋立、刘树杰:《各级政府公共服务事权财权分配》,中国计划出版社,2005年。

面上促使了乡镇政府的财力的层层向上流动,但是上级政府往往却将乡村事务治理尤其是公共服务供给的责任向基层政府(特别是乡镇政府)下沉,进一步引致了基层政府(特别是乡镇政府)在承担了大量乡村公共事务治理之时,因财权缺失而增加了沉重支出负担。

(三)供给主体的类型划分

只凭借基层政府供给是无法理顺公共服务的治理,也未必能实现跨部门间的公共服务项目承接与转移等工作,由此可见,整体性供给有其存在的应然性。通过整合乡村公共服务的供给主体,有效衔接乡村公共服务供给实现决策机制再整合,同时建立协同监督机制来协调县乡政府、村民及第三方主体,形成城乡均等化格局。[1]由于供给制度、供给资源与供需双方等因素都对整体性供给产生影响,因此,有必要构建多层次互动协调系统。[2]利用"整合"手段,实现乡村公共服务市场经济主体的转换和嵌套,同时,通过多主体联合提供无缝隙公共服务的系统机制,实现"一对多"或"多对一"的公共服务供给模式。以社会公众的需求为导向实现传统导向的转移,以公众服务的业务需求为中心环节,实现多部门的整合连接,建立跨部门的信息共享机制,以期建构整体性供给的有效合力。[3]对此,有学者认为通过均衡政府、市场及乡村社会等供给力量,实现多方供给力量的有效整合,有利于保证整体性供给对乡村公共服务治理的有效平衡。[4]而对于乡村公共服务

---

[1] 陈荣卓、祁中山:《农村公共服务社会化改革再深化——湖北省"以钱养事"改革的观察和思考》,《社会主义研究》,2014年第6期。

[2] 杜春林、张新文:《项目制背景下乡村公共品的供给嵌入与需求内生——不完全契约理论的分析视角》,《广西民族大学学报》(哲学社会科学版),2015年第1期。

[3] 桂华:《项目制与农村公共品供给体制分析——以农地整治为例》,《政治学研究》,2014年第4期。

[4] 夏玉珍、杨永伟:《淡漠与需求:农村公共服务表达问题研究》,《中南民族大学学报》(人文社会科学版),2014年第6期。

的整体性供给而言,供给主体主要是由多方主体构成:政府、公共服务社会化供给组织和公共服务市场化供给组织。如图3-8:

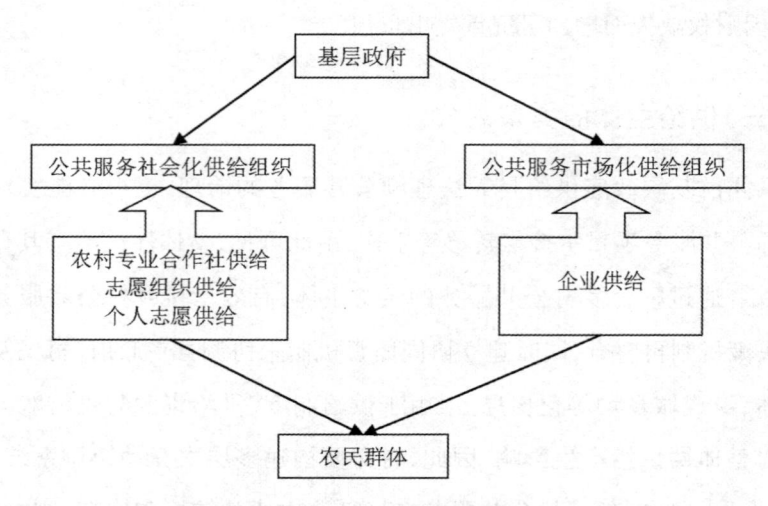

图3-8 乡村公共服务供给主体

表3-1 政府提供乡村公共服务的范围

完全承担	大部分承担	小部分承担	不承担
广播电视	计划生育服务	个别与农业相关非营利的报纸、杂志和网站	报纸、杂志和网站
通信;邮政	农田基本建设	个别非营利科技培训合作医疗	农业科技培训
中小学义务教育	水利和灌溉系统	失地(失业)保障	文化知识培训
农村最低生活保障	扶贫开发	非营利的公路交通	疾病预防和保健
医疗救助	法律援助		农业机械
卫生网点建设			优良品种和农业科技
五保对象保障			营利性公路运输;金融服务
社会安全类			
农村环境类			
道路			

(四)利益博弈与乡村公共服务供给

从实践调研情况来看,乡村公共服务的供给是基于不同的供给主体(行动利益)对乡村公共服务资源配置的行动选择和策略优化的一系列过程。由此可以看出,各方利益主体共存于行动网络之中,其博弈本质亦由他现。至1978年家庭联产承包制和2003年农业税费改革后,乡村公共服务供给的实然逻辑尚未超脱于"主体行动博弈网络"。事实上,如上博弈网络往往呈现出一些强权式的博弈色彩。供给主体主要分为基层政府(上级政府与乡镇政府)、村委会、村民及市场力量(社会化组织)等。[1]因此,在如上乡村公共服务多中心主体的整体性供给过程中,引入博弈论,以期透过对乡村公共服务供给的纷繁现象,探寻其背后的行动逻辑。乡村公共服务供给,自传统社会演变到当下阶段,其供给制度和模式发生多次制度变迁。事实上,随着时代的更迭,农村公共服务供给模式的每一次制度变迁都在某种意义上昭示了国家力量与社会力量在供给过程中的主体权益博弈。关乎供给主体权益分配、主体对抗定位、财政资金分配等大都会进一步促使乡村公共服务供给模式的制度创新。

事实上梳理当前学界的既有研究对乡村公共服务供给有效性问题的研究逐步达成了一个一致性的论断——基层政府及村庄内部的财力问题是乡村公共服务供给"非有效性"之根本原因。[2]如上关于"乡村公共服务供给有效性问题"已然形成了一个财政学的分析框架,即乡村村委会及其乡镇政府的财力引致了乡村治理行为的变异效应,进一步引致了基层政府(县、乡两

---

[1] 王向阳:《新双轨治理:中国乡村治理的旧制度与新常态——基于四地乡村治理实践的考察》,《甘肃行政学院学报》,2017年第2期。

[2] 林万龙:《农村公共服务市场化供给中的效率与公平问题探讨》,《农业经济问题》,2007年第8期。

级政府)对待乡村治理行动所呈现出的是要么"失责",要么"不管不顾之卸责"的现实图景。本书认为,尽管财力在政府层级间(村委会作为乡镇政府的外延机构)的非均衡特质致使乡村公共服务的非有效性,但基层财力的非均衡性绝非乡村公共服务供给的非有效性问题的全部。[1]换言之,即使增加了基层财力,就能在一定程度上化解乡村公共服务供给的非有效性问题吗?答案可以显见的是"并不可能"。

从逆向维度来看,基层政府和村庄村委会内部有了基层财力,但如若基层政府尤其是乡镇政府的乡村治理和乡村社会发展服务的行动取向尚未顺势发生转向,换言之,乡村治理行动的内外部激励和约束机制尚未重构,其结果往往呈现出"乡村公共服务供给的不足",仍然无法解决乡村公共服务供给有效性的问题。因此,即便有了基层财力的实践基础,但未存有"供给的动力与压力",还是无法形构出供给均衡格局,供给的非有效性之图景会长期留存于乡村社会场域空间之中。那么问题来了,何谓乡村公共服务供给的压力与动力?何以可能弱化乡村公共服务供给的压力与动力?如上问题实则涉及本质内容,即乡村公共服务供给过程是会被吸纳为乡村场域的"公共政策"的一项公共选择安排,其背后各方利益主体的行动选择亦会如何?由此有必要厘清对既有研究的认知,以此来研究在乡镇政府及作为乡镇外延机构的村委会在有了"基层财力"后如何处理好预算资金在乡村公共服务供给,进而改善将当下乡村公共服务供给仅仅归结为基层财力困境的既有学术科研刻板印象,或以为,改变学术传统对乡村公共服务供给的政绩考核机制问题的主流认知。依此逻辑,以期能够为乡村公共服务供给提出新的审视逻辑框架。

---

[1] 王丹莉、武力:《外生力量、资源动员与乡村公共品供给方式的再探索——以西藏六地一市干部驻村为个案的研究》,《开发研究》,2015年第6期。

1.作为一种"公共政策"的乡村公共服务

依据公共选择理论,公共服务的提供其实是一项公共选择的过程。[1]换言之,乡村公共服务的供给既是一项乡村治理行动,又是一项关于基层治理中乡村公共政策的选择过程。由此可以看出,既然乡村公共服务的供给过程是一项公共政策,那么作为政策安排的乡村公共服务有效性供给何以保障?换句话说,正如实践调研所反馈出的是为何有区域偏向、主体偏向的公共政策安排(乡村公共服务供给)的存在?事实上亦如西方学者阿罗(Kenneth Joseph Arrow)[2]认为"公共选择理论"系统全面地阐释和揭示了作为一项公共政策安排,其背后的形成过程形象地勾勒出了各方行动主体间的利益博弈之图景。简而言之,作为一项公共政策的乡村公共服务供给系统内部存在着主体利益博弈。由此,在本质内涵上,乡村公共服务供给实质即为一项主体博弈之"游戏"过程,见图3-9。

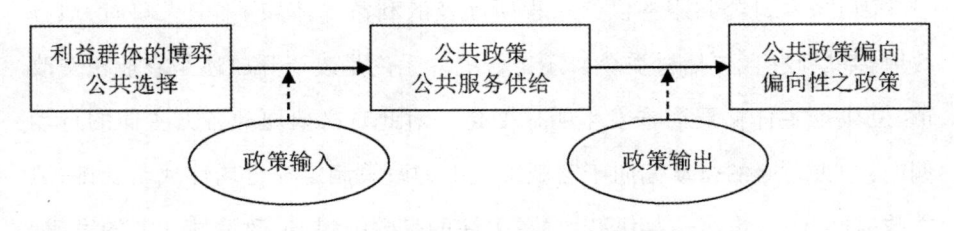

图3-9 乡村公共服务的公共政策逻辑

从图3-9关于乡村公共服务的公共政策逻辑可以发现,利益博弈在如上的行动逻辑中扮演着至关重要的角色,对后续的政策决策(Policy Decision)和政策输出(Policy Output)都有着本质性影响。正是基于利益主体间的行为博弈,使得乡村公共服务供给(公共选择过程)形构出了多元化的公共政

---

[1] [美]戴维·伊斯顿:《政治体系——政治学状况研究》,马清槐译,商务印书馆,1993年。
[2] [美]肯尼斯·约瑟夫·阿罗:《社会选择与个人价值》,丁健峰译,上海人民出版社,2010年。

策偏向,诸如区域偏向、主体偏向、供给结构。事实上,乡村公共服务供给有效性问题实质是一个关于乡村资源配置的问题。如上不仅是国家战略(乡村振兴、公共服务均等化),即政治合法性基础的构建,更关键的是对其核心要点的把握(乡村公共服务供给主体间的利益博弈能力)。由此,在本章中,笔者试图构建出一个关于乡村公共服务非有效性供给的公共政策逻辑,以期来诠释为何在中央政府、省及以下政府财政转移支付力度逐步加大基层政府财政财力困境逐步缓解的境况下,乡村公共服务非有效性供给尚未得到实质层面上的解决。

2. 乡村公共服务供给的公共政策安排

基于如上分析,作为一项公共政策安排的乡村公共服务供给,其有效供给过程自然转化为一项利益博弈行动之逻辑。在此博弈分析之前有一个前提:本章研究主要是将村委会作为基层政府(乡镇政府)的外延机构。

因此,乡村公共服务供给过程所涉及的利益主体如下:中央政府、地方政府、基层政府(包括村委会),还有村民。无论是改革开放还是农业税费改革,其供给主体格局尚未发生明显变化。对此有必要厘清各方主体的行动偏向:中央政府的行动偏向于宏观维度上的政策制定与全局性战略安排;地方政府(省级—市级—县级政府)更关注的是政绩提升,政治性任务的完成,提供更多的经济型公共服务(有利于地方经济增长和财政税收的公共服务)[1];基层政府,尤其是乡镇政府作为乡村公共服务的直接供给方,更多的是促进乡村经济社会发展,维护乡镇辖区内的广大村民利益,进而维持和确保乡村社会秩序的稳定;农民作为乡村公共服务的需求方,自然希望基层政府能够满足其对公共服务之所需,以期减轻因个体无法自我筹资供给公共

---

[1] 李祖佩:《项目进村与乡村治理重构——一项基于村庄本位的考察》,《中国农村观察》,2013年第4期。

服务而增加的负担。事实上，正是基于中央政府、地方政府的理性经济集团，其特有的理性特质会进一步凸显其利益博弈行动的经济动机。基层政府在农业税费改革之后，其财权被向上收缩，但其公共事务及其乡村治理的事权仍然存在，并且有扩大之势，由此可以看出乡镇政府的悖论式角色主体之存在。村民在从人民公社剥离出来之后俨然成了独立的利益行动主体。但是如上的供给主体在乡村公共服务有效供给过程中其利益选择区分更多地体现为差异性，各方主体间矛盾和冲突重重，具体的博弈选择和行动逻辑详见图3-10。图3-10清楚地展示出多个行为主体在乡村公共服务供给过程(公共政策安排过程)中存在差异性之关联逻辑。

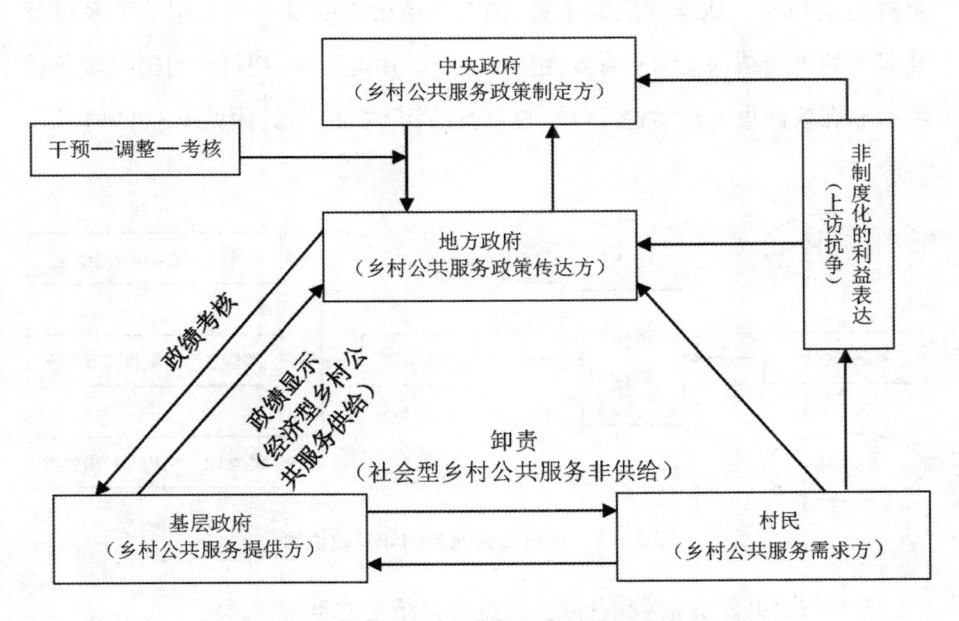

图3-10　乡村公共服务供给的利益博弈与行动选择

从图3-10中可以观察出，乡村公共服务的"非有效供给"是相对"有效供给"而言的，而"有效供给"实质是反映出供给均衡性的问题，换言之如何审视供给质量的差距，一种需要通过治理路径来加以改善的不合理且又不完

111

善的供给绩效。事实上,既往研究关于"乡村公共服务供给"与城乡区域相对而言,即公共服务供给的城乡非均衡性之差距的研究。如上非均衡性特质就表现为非有效供给现状,而非有效供给则反映出总量和结构层面上的非均衡。[①]公共服务供给在区域差距和总量差距层面上的非均衡性直接指向了乡村公共服务的非有效供给,这一常理逻辑普遍为学术界所接受。但从对赣东北地区JW镇、浙西地区SZ镇的实地调研来看,乡镇管辖下的多数村庄并未需要乡镇政府所供给的脱离当地实情的一些乡村公共服务,诸如文体馆、文化图书馆、"豪华式"乡村公园;而对于当地村民迫切需求的基本乡村公共服务,例如乡村医生、乡村医疗保健、乡村教师及其乡村教育等却出现短缺现象。从学理层面来看,如上乡镇政府的变异行为昭示了乡村公共服务的供给结构上的非有效性特征之一。由此可见,现行乡村公共服务供给的非有效性集中在"城乡区域、总量及结构"层面上,具体见图3-11所示。

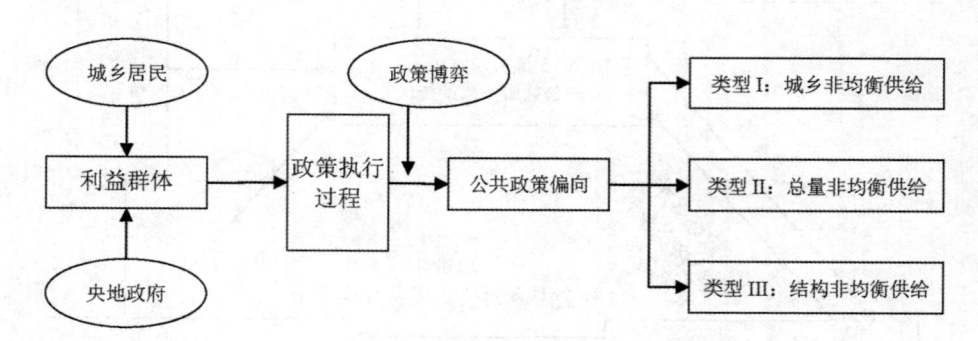

图3-11 乡村公共服务的非有效供给

3.乡村公共服务的政策再造:利益博弈结构的重塑

由上述的分析和阐释得知,乡村公共服务的非有效供给是因乡村公共

---

① 李祖佩:《论农村项目化公共品供给的组织困境及其逻辑——基于某新农村建设示范村经验的实证分析》,《南京农业大学学报》(社会科学版),2012年第3期。

服务公共政策网络中的利益主体在互构过程中结构不对称所引致的,进一步地诱发了在公共政策框架下乡村公共服务供给上的行动偏差,由此有必要重塑公共政策安排(乡村公共服务供给)下各方行动主体间的利益博弈机构。

其一,城乡区域维度。正是基于城乡区域性的结构差异,致使乡村民众与城市民众有着本质上的利益结构差异。在乡村场域空间内部,尚未建构出能够代表村民的"利益代言人",原因在于村委会都不一定是村民的利益代表人,更多情况是其扮演着基层政府力量进驻乡村场域空间的外延触手。但在城市区域空间却非如乡村一般,城市居民依赖单位和各自的协会保障自身利益,同时借助协会获得利益表达机会。由此看出,村民需要重构组织体制,以期能够建立自身利益代表,尽管很多村庄都建立合作社组织,但其运行和组织绩效不容乐观,进一步导致了乡村民众自身利益诉求无法获得支持和保障,并未引起基层政府的治理行动偏向。更为直接的是,多数村民往往选择如詹姆斯·C.斯科特所论的"弱者的武器"——"非制度化的渠道"来求得关注,借此来表达村民个体的现实利益诉求。[1]诸如"上访、哭闹、装糊涂、诽谤、假装顺从"等方式。不能仅仅依靠城乡差异化的政策引导,需要扩展村民利益表达渠道,同时增强利益代表人的成长与发展的机会,以便基层政府和上层级政府在乡村治理的决策过程能倾听到村民的自主声音。[2]

其二,央地政府间维度。中央政府与地方政府在相应的治理行动中所立足的主体利益是有差别的,进而致使博弈利益的出现。事实上,这种因主体互动而引致的博弈选择是一种公共政策的常态化逻辑,但如上的治理行动因其结构间的非合理性,使得公共服务供给出现非有效性之局面。地方

---

[1] 詹姆斯·C.斯科特:《弱者的武器》,译林出版社,2011年,第13页。
[2] 刘祖云、韩鹏云:《乡村社区公共品供给模式变迁:历史断裂与接合——基于乡村秩序演进的理论视角》,《南京农业大学学报》(社会科学版),2012年第1期。

政府作为"发展型公司",其在中央政策的引导下进行"选择性执行",尤为偏向于"经济绩效的增长",而"轻视"对乡村公共服务的现实供给,更为具体的是"重经济型公共服务、轻社会型公共服务"的偏离倾向,使得地方政府在对待乡村治理行动中更多是局限在压力型体制之内。[①]如上的行动逻辑在现实图景反映的是地方政府更加注重"招商引资"活动,重视经济增长与财政收入的增加,而非基层民生服务工作内容。换言之,基于政绩考核体制的现实逻辑,无论是省市县级政府还是乡镇政府,抑或各级政府个体官员的政绩考核都"逼得"其无法不"遵从"如上选择。同时,各级政府间的博弈还反衬出自分税制改革之后,财权与事权不匹配,进一步诱发了地方政府的选择性执行,从而偏向于"晋升激励"的发展型任务。为此,有必要建构出基层财力保障,建构出村民所需之乡村公共服务供给实效,重构激励与约束地方政府（基层政府）行为的激励与约束机制,为乡村公共服务有效供给架构出无缝隙治理格局。

其三,基层政府与村民间维度。事实上基层政府与村民间的博弈格局是一种非合作式之博弈,其会引致乡村公共服务的在总量与结构层面上的非均衡性障碍,进一步断裂了乡村公共服务供给的非有效性。正是基于基层政府与村民间的"囚徒困境"(Prisoners' dilemma),使得非合作博弈长存于乡村社会场域空间之中。有学者认为,解构如上的困境关键在于消除两者之间的"信息不对称"之障碍。具体而言:基层政府并未清楚村民对乡村公共服务的真实需求,其所供给的公共服务自然无法匹配村民之需,同时多数村民因意见表达渠道的缺失而无法与基层政府对话和沟通,都在一定程度上致使乡村公共服务供给的非有效性。[②]由此可见,如何去探寻村民对乡村

---

① 陈柏峰:《村庄公共品供给中的"好混混"》,《青年研究》,2011年第3期。
② 李冰冰、王曙光:《社会资本:乡村公共品供给与乡村治理——基于10省17村农户调查》,《经济科学》,2013年第3期。

公共服务需求数量与质量等供给信息是非有效供给的现实命题之一,第二大命题关乎基层政府主导下的单一治理模式无法化解乡村公共服务供给过程中"提供与生产"的二元分离障碍。因此,基层政府与村民之间的关键在于重构基层政府的官员问责制和乡村公共服务多中心供给治理模式。

第二节　非正式制度:乡村"内生性支持"

国家大力推进新型城镇化,其快速步伐的背后隐含了乡村衰弱的危机。一方面,城市化进程的加快,大量青壮年在用脚投票思维的驱使下不断地向城镇区域转移;而另一方面,传统乡村因人的大量流失而所引发的一系列衰弱景象,诸如,乡村经济停滞不前,乡村生态日益被破坏、传统乡村文化日渐式微。政府所主导的新型城镇化国家战略的在地化实践,地方政府通过城乡用地指标的"挂钩与置换",使得大量乡村农地被征用,更有甚者,以"移民集中建镇、村组合并"来强制削减传统村落,大量农民工的外出务工及乡村生产生活方式的转变等,都在某种意义上加剧了乡村治理质量的"危机"。因此,如何通过内生性功能发挥来实现乡村的自我振兴,是当下乡村治理质量需要审视的现实命题之一。诚如国外学者Cloke所认为的,一味地追求乡村社会发展中的经济增长恰恰忽视了乡村结构的内在多样性,尤其是对非经济形态要素之于乡村村落的重要性。[①]在如上的现实背景和理论指导的需求上,依托于乡村内生性的制度支持而形构出内生性发展模式得以创生。

事实上,乡村的内生性支持本质上意味着乡村社会的内生动员过程,强调乡村的本位思考,凸显了乡村"社会性"之实质。换言之,乡村治理由乡村

---

① Cooke,P.,Localities:The Changing Face of Urban Britain,Unwin Hyman,1989.

本体来控制,治理的选择由乡村来决定,治理的收益仍然需要保留在乡村。通过挖掘乡村内生的非正式制度资源,进一步形塑出乡村的内生性制度支持,以此来厘清乡村治理质量的内源式制度积淀。依托于乡村内生空间中的非正式制度,进而转向乡村社会经济系统的能力选择,以此来提升乡村应对外界空间的挑战能力,达到乡村自我学习和创造的可能,最终希冀于提升乡村治理质量。

一、宗族

宗族的形成与发展随着中国传统文化而逐渐成熟,实质上亦是中国社会的传统组织形态。其产生于传统中国古代社会,到今天的乡村场域。应该这么认为,宗族的发展就是一部中国社会历史演变的缩影。[1]新中国成立后,国家权力下移,延伸至乡村社会场域,国家权力力量与乡村基层社会自我力量相互博弈。随着这一历史时期"土改和政治集体"运动渗入乡村空间的各个角落,其打破进而消解了传统乡村宗族的结构与功能,甚至一度使得宗族消失在乡村之中。直到1978年体制改革与改革开放,人民公社制度的解体,乡村宗族才顺势得以"喘息与解放"[2]。尽管乡村宗族势力得到一定程度上的复苏,但总的来说仍然呈现出凋敝与衰败景象。

(一)政治生活世界下的宗族

随着乡村社会的现代化转型,乡村社会生活的复杂化及乡村阶层分化

---

[1] 罗康隆、吴寒婵:《清水江下游的家族"结盟"与地方社会建构》,《吉首大学学报》(社会科学版),2017年第4期。

[2] 肖唐镖:《从正式治理者到非正式治理者——宗族在乡村治理中的角色变迁》,《东岳论丛》,2008年第5期。

速度越来越明显,乡村内部的权力结构呈现出多样化之运作逻辑。而乡村内生权力主体所负载的实践载体仍然是以血缘为基础的宗族抑或小亲族(兼具宗族性质),尽管存在原子化村庄,但本书主要探讨一般意义下的乡村村庄内部的宗族,具体是以乡村政治生活世界的行动视野来审视宗族对乡村治理质量的影响及其形构。

一是宗族权威与乡村权威的关系。传统宗族权威及其文化已然被现代性和乡村民主化进程所摒弃,但其宗族文化或有可能长期存在。[①]事实上,现代乡村宗族已经发生转型,这种新型宗族权威主要是基于对国家战略方针、政策制度安排的正确解读与执行,使得其相对于一般乡村民众更具政治层面上的认知和执行优势,凸显了其在乡村治理和乡村建设上拥有更多的话语权。主要涵盖了退休的基层干部、卸任的村支两委委员及其他经济能人、新乡贤等。新时期的乡村宗族权威更契合乡村治理行动的价值导向,可以成为乡村治理中政府主导的依赖性主体力量。但是在实践过程中,新宗族如若逆向抵制乡村公权力,当双方矛盾凸显之时有可能会动员宗族力量,最终会降低乡村治理质量。

二是新时期宗族与乡村自治的互动关系。现代意义下乡村宗族实质上已经越来越模糊化,乡村个体成员的民主化观念愈发增强,其个体的利益选择才是其置身于乡村政治生活的依据。因此,乡村民众所选择和支持的选举候选人仅仅只是其自身利益的代言人,而不一定是本宗族的。事实上,只有当村民个体舍弃了其个体本身利益而主张本宗族之利益的时候,这种有意识的集体行动才可以被看作宗族行动。因此可以认为,宗族对乡村自治及其政治权力运行的影响效应在实质上是由其内部我数成员的利益关系所

[①] 龚志伟:《和谐与冲突:社会变迁中宗族复兴与乡村治理的关系解读》,《理论与改革》,2006年第1期。

决定。①一旦与宗族内部大多数人的利益不相关且无一致性,那么宗族的组织效应就会丧失,对于乡村治理的积极成效自然是不明显,所能引起的功能亦是微乎其微。

(二)日常生活世界下的宗族

一是宗族对成员的内生约束。一旦某一乡村宗族长期坚持宗族活动,就会使得宗族内部个体成员的宗族认同感得以增强。久而久之,宗族个体成员的宗族意识会进一步加强,甚至在某种程度上高于成员的主观意识,并自动将自身的觉醒归因于宗族文化的内生约束效应。事实上,如上的心理动机使得宗族成员在面对具体的乡村事务及乡村治理问题时,其个体成员会将宗族内部的行动规划作为自身在乡村社会的行动指南。相比较而言,乡村民众对国家制度、行政法律等因知识背景、资源因素等形构出了距离悖论,反而对自身村庄宗族内部的族规及其他约定俗成的非正式条文和非法治的规矩更为熟知。②因此,以乡村场域内部的宗族内的既有规范和习惯来约束宗族成员的乡村社会化行为,其对乡村治理和乡村秩序的维护更为有效。

二是乡村宗族活动的社会化教育。乡村宗族内宗族文化对族内孩子的学习和道德教育有着启蒙教育之意蕴。同时宗族内部的孩子都生活在同一片空间,相互竞争、相互激励的效果更佳。事实上,乡村宗族社会化教育能激发如应星所论的乡村中"一口气",争气与抗争的相关联,但远远弱于中国传统乡村宗族的"争气、人活一口气"的现实图景的猛烈。因此,应营造乡村

---

① 肖唐镖:《正式体制、工作现实与血缘亲情——地方干部对农村宗族的多元立场与态度分析》,《中国农村观察》,2007年第5期。

② 邓宏图、齐秀琳:《国家威权、市场、信念与宗族组织——一个经济社会学的解释》,《中国农村观察》,2016年第1期。

宗族的文风进而带动乡村民风。而另外一个层面来看,中国传统乡村宗族已然有上千年历史,其在历史长河的成长与发展过程中自然会积淀出多彩的宗族文化和乡村传统民俗,如上的文化传统必然需要建立在乡村社会结构基础之上,同时亦需要借助于乡村宗族活动得以传承。[1]正是基于乡村传统民俗的口口相传、祖祖辈辈间的传承,使得在很多村庄中的宗族至今仍然保有朴素的乡村民俗活动。此外,各个村庄各个宗族的内源积淀不同,其所内生和外嵌的宗族文化的异质性更为明显,因此宗族特色只能依托于宗族内部成员个体的"言传身教"。从这一点来看,宗族活动在某种意义上还兼具了文化保护的实质。

(三)"落后还是先进"

总体来说,乡村宗族在乡村治理的实践中仍然是一个极具争议性的命题。有一种理论观点认为,乡村宗族的复苏是乡村"传统性"逆向思维的回潮,是乡村基层政权失控后的恶效;而另一种观点认为,乡村宗族的复苏使乡村治理朝向一种正向发展,积极助力乡村治理质量的提升。换言之,乡村宗族在乡村治理过程中体现了其双面性的特征:一方面是乡村宗族价值观与乡村民主化的自治精神相背离,二者之间存有本质性的矛盾;另一方面则是乡村宗族之于乡村治理空间中的客观作用显现为制衡主体力量的现实效应,助力乡村社会民众和农民个体来"抵御"乡镇基层政府及其乡村"灰势力"的不正当干预,以此形构乡村自治的内生性支持力量。

无论上述两种对立论点的争议结果如何,可以显见的是乡村宗族正在乡村振兴和乡村转型中产生重要影响,而这亦是不争的共识。事实上,现代

---

[1] 王阳、刘炳辉:《宗族的现代国家改造与村庄治理——以南部G市郊区"横村"社区治理经验为例》,《南京农业大学学报》(社会科学版),2017年第3期。

化转型的乡村宗族与新中国成立前相比,宗族内部发生诸多质变,不再有严苛的族规,族长及宗族内部的老人对内部成员不再具备宗族惩治权力,宗族文化和习俗的规劝效应呈现出递减效果。但是同一宗族内部成员的互帮互助现象仍然存在于乡村空间之中,乡村宗族活动更多集中在族内成员的祭祀及婚丧等重大事宜。如若一味地以行政化力量来消解宗族的内源式积淀力量,其对乡村治理质量的影响是否呈现出积极效应犹未可知,而这一点是值得深思的。[①] 更为重要的是,乡村宗族作为乡村社会发展的传统性结构产物,其在某种意义上刻画了乡村发展的历史印迹,已然深深根植于乡村社会民众的脑海中。

新时期的乡村宗族正面临着乡村现代化的转型,其转型过程内嵌的自发性兼具了乡村民主化的自治理念。实际上,乡村宗族并非想象中的那般封闭与僵化。乡村治理的历史和实践经验已经表明了,乡村宗族基于差异化的内外部环境而呈现出不同制度适应能力。由此我们认为,乡镇基层政府应当理性客观地审视乡村宗族命题,不能简单地放大乡村宗族之恶,同时亦不可将乡村宗族认为是"洪水猛兽",处理乡村宗族的二重性要持有审慎之态度,一味地强调乡村宗族对村民自治的负面效应,其结果往往会呈现出"适得其反的恶效",最终或有可能引发乡村区域内的矛盾事件。[②] 因此,从应然层面来看,乡镇基层政府及村委会应当对乡村宗族加以态度审慎地引导,使得乡村宗族在乡村治理过程中逐渐消解其内在的传统性特征,使得其能成为乡村政府和地方性知识精英的补充性力量,最终促使乡村宗族有效契合当代中国乡村社会的现实变迁逻辑,实现其乡村社会新型组织的历史转型。

---

① 贺雪峰:《乡村选举中的派系与派性》,《中国农村观察》,2001年第4期。
② 肖唐镖:《乡村治理中宗族与村民的互动关系分析》,《社会科学研究》,2008年第6期。

二、乡村组织

乡村社会组织化问题一直是乡村治理研究的重点,也是一项研究难点。之所以这么说,原因在于随着乡村建设的不断推进,以及新农村建设、美丽乡村、乡村振兴等一系列乡村建设的制度出台,乡村社会何以被组织化日益被学界和实务界所争论。然而我们在梳理和厘清乡村建设和乡村治理的研究脉络时就会发现,乡村社会的组织化并非当下乡村治理研究的新问题,事实上早在20世纪初期以梁漱溟为核心的乡村建设派就已深入乡村,以乡村建设为乡村教育的实验内容,倡导科学治理与文化治理,以提升村民个体文化素质,通过思想的改进以求乡村社会的发展。如上的乡村建设运动,裹挟了合作思维,发展乡村合作式的集体行动,成功创造出了"新团体组织",最终更倾向于谋划出乡村建设与乡村运动的有效实践。[1]由此可以看出,那时候的乡村建设运动就已然希冀于"乡村的组织化"路径,以求极大地促进乡村建设与乡村治理的科学有效。当前的乡村治理结构性障碍并不是"乡村民众有没有组织",抑或"乡村民众自身愿不愿意有组织",关键的问题在于乡村民众如何找寻出一种有效的组织方式,以促成乡村治理的集体行动。

(一)乡村组织化问题

目前学术界关于"乡村组织化,抑或村民组织化"的横纵向研究,通过梳理可以发现,主体研究大致集中在如下几个方面:

一是经济学视角下的乡村组织化研究。即从个体村民与市场间的组织化关系,进而形构出农村合作社组织、中小型农场等经济形态的合作组织。

---

[1] 刘金海:《乡村治理模式的发展与创新》,《中国农村观察》,2016年第6期。

其实质无非是建立在小农户与大市场组织上的一种有效"合作对接"性质的组织形态。①这一组织化研究自从1978年改革开放以后不断在探索和深化,尤其是在对"农地制度改革""农业规模经营"和"农业产业化""非农化"等主体内容的研究下形成大批量的农业经济学研究。事实上,这类研究已然达成了共识,即个体村民通过加入抑或参与合作社等组织,从而实现个体农户再组织。

二是国家与社会互动关系视角下的乡村组织化研究。这类研究主要是将村民纳入集体成员去考察乡村集体行动。目前的主流观点如下:一是徐勇等人所倡导强化乡村社区内部的村民自治组织建设,使得其"制度设计者当初为其设计"②能发挥出应有的基层自治的功能。二是在现有的乡村组织形态(乡镇政府——村委会——村民小组)之外建立出能够代表村民利益的乡村组织,诸如于建嵘等人。更多的时候是通过其"重建乡村协会",以此来解决乡村治理问题,一旦村民拥有和吸纳其他村民的农民组织协会,实现良性的集体行动,才有可能与基层政府进行对话和协商。三是贺雪峰认为"有了国家的资源收入,这种资源输入可以加强农村基层组织建设,同时又可以与农民自下而上的需求相对接,则即使在农村人财物大量流出的背景下,农村仍然可以大体上保持稳定"③。可见贺雪峰等人的观点,既肯定了第一方面观点的基层组织建设,又客观地承认了乡村治理的制度化改革(除了基层政权组织以外的乡村组织协会的建设)。换言之,在保持现有乡村基层政权组织建设的既定结构不变的情况下进行有组织的调适与转换。④

---

① 赵泉民:《合作社组织嵌入与乡村社会治理结构转型》,《社会科学》,2015年第3期。
② 徐勇:《阶级、集体、社区:国家对乡村的社会整合》,《社会科学战线》,2012年第2期。
③ 贺雪峰:《组织起来》,山东人民出版社,2012年。
④ 周丹丹:《少数民族乡村治理中的传统社会组织研究——以侗族寨老组织为例》,《江淮论坛》,2016年第6期。

为此,笔者在本书中主要借助乡村组织协会的案例来审视乡村组织化问题的研究,本书的实证案例对象主要是赣东北JW镇D村(地处婺源,历史上一直属于古徽州的管辖范围,由此其乡村文化兼具了徽州文化的部分特质,其辖属自然村有5个,D村和X村的同质性较高)的老年协会。从对D村的长期观察来看,其乡村治理过程以国家与社会互动视角来思考,其治理行动的实质在某种程度上可以将其归纳为"乡村社会组织化"的治理过程。如上的"乡村社会组织化"事实上是由他组织和自组织相互构成,前者属于国家力量通过一种自上而下的"他者建构"乡村组织逻辑,后者则是社会力量通过自下而上"自我建构"逻辑,两种主体力量相互交织,进而形构出交互效应,D村的乡村社会的治理秩序亦在此交互效应中自我生存与创新。

赣东北JW镇D村及其所在的W县传统历史社会一直属于古徽州的管辖范围,中华民国期间基层政权多次更迭,到1949年后其政权归属标识江西省域治理范畴。由此看出,其政权演变的过程昭示了D村"组织化"已然被"现代性"主题所刻印了,更重要的是D村"组织化"过程集中展现了浓厚的国家力量的他者建构为主导的现实特征。此后,土地改革形构出了超越血缘关系的组织形态及其裹挟的阶级意识,而这进一步反衬出土地改革实效进一步弱化了D村以往的宗族形态和以血缘为纽带的宗族意识,同时亦断裂了D村传统组织的空间载体和经济基础。而在此后的合作化运动中,国家力量将原有的个体生产资料属性的土地纳入国家集体所有制之中,与此同时还创造出了不同于原有宗族的一种共同体组织——农村合作社,首次将全部农村村民集中在共同体组织,实现一种跨家族宗族的组织形态。[①]到了人民公社时期,如上共同体组织的新式改造,被进一步地以"一大二公"的

---

① 黄辉祥、刘宁:《农村社会组织:生长逻辑、治理功能和发展路径》,《江汉论坛》,2016年第11期。

形态组织得以高度强化,同时再加上高度集中的国民经济体系,极大地削弱了以血亲关系凸显的家庭功能。足见,国家力量对D村村社结构的把控力达到历史上的顶峰。如上的行动逻辑正如萧凤霞在《华南的代理人与受害者》一书中指出的,当国家力量不断向下输送触手,以行政化手段触及乡村社会空间,权力链条的末端不断延伸至村民周边,乡村社会的组织化问题亦如蜜蜂的蜂房结构一般。如上所述,村社权力结构的演变进一步观照出从原有的权力体系(国家力量借助于乡村社会精英的乡村社会网络,力图控制乡村社会和村民生活)超越到"行政社会化","行政社会化"会使得国家行政对乡村社会的全面把控,换言之,乡村社会的国家化倾向程度愈发严重。

乡村社会的国家化倾向进一步致使乡村社会的传统精英被排斥于基层政权之外,被取代的是基层政权的组织建设下的村党政干部。与此同时,乡村社会场域空间内的传统式家族、房客文化受到摧残,已然呈现出日渐式微图景,更为明显的是,作为乡村社会场域空间中的内生性组织——宗族亦在此治理行动中彻底消解,在某种程度上甚至消亡。[1]然而多数文献和历史资料表明了国家力量对乡村社会的完全把控已然呈现出不可持续之效应。随着20世纪改革开放浪潮的掀起与全面推进,家庭联产承包责任制的大力践行,国家力量在乡村社会场域空间被极大削弱,甚至在乡村社会部分领域退出,这一阶段下乡村场域呈现出"组织化"的多元形态,组织化的治理与发展路径不只是前一段自上而下的组织建构逻辑,由此开展了乡村社会组织的重构阶段。事实上,在这一历史发展阶段,人民公社体制的解体,乡村治理的真空现象再度发生,乡村自组织力量得以勃发;另一方面,乡村社会内部的传统宗族面临着复兴。此外,在部分发达经济区域的乡村发展过程得益

---

[1] 黄辉祥、刘宁:《农村社会组织:生长逻辑、治理功能和发展路径》,《江汉论坛》,2016年第11期。

于乡镇企业的经济辐射,甚至演化出"单位化的村庄"。由如上关于乡村社会的组织化发展及其历史逻辑,可以发现"乡村组织化"过程仍然是由国家力量和社会力量在此结构空间中的互动与博弈,而这两种力量和机制并非泾渭分明的行动图景,更多时候展示出交相融合的互动机制。

对此,有必要将国家力量和社会力量相互渗透的组织化过程,以图的形式展示于本书之中,详见图3-12。

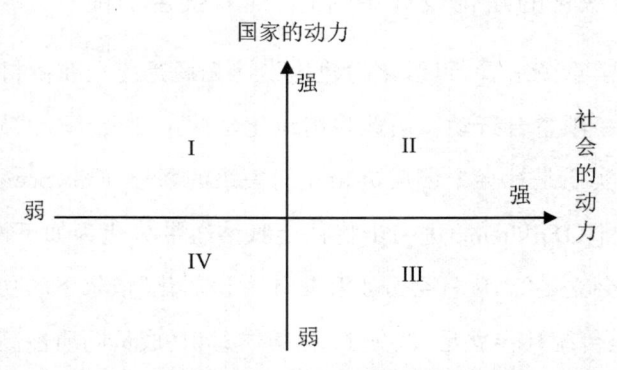

图3-12 乡村社会"组织化"的类型划分

正如上文所论述的代表国家力量的基层政权渗透进乡村社会之中,即为"他组织"过程中,可以分为两种类型:Ⅰ类和Ⅱ类,前者Ⅰ类型主要是代表国家力量的基层政权基于乡村社会自生建构的自我力量,并加以组织,强调相互影响甚至改造,即内生基础上的组织建构机制,例如现行的村民自治制度;后者Ⅱ类则是代表国家力量的中央政府依据政策方针、制度理念、法规原则所进行的制度设计和组织规划与管理,即国家自主性的自上而下的建构机制。Ⅱ类组织化过程莫不是计划经济时代下的"人民公社运动"。

乡村社会自我生成的组织过程,即"自组织",也存在两种类型:Ⅲ类和Ⅳ类。Ⅲ类是乡村社会力量在国家力量不断渗透的影响和示范效应下,自发借助于乡村社会主体的知识生产,以达到建构设计,诸如1978年改革开放后的乡村协会和各种乡村民间组织;Ⅳ类组织化则通过主体人的集体行动

125

并非建构设计,诸如宗族、宗教组织。

事实上,本书所选取的研究对象是D村老年协会。以上分析表明了D村老年协会应该属于"他组织"中的第Ⅰ类和"自组织"中的第Ⅲ类。需要阐明一点,本书的最大立意在于D村乡村社会中自组织和他组织的比较研究,来揭示组织化问题对于D村乡村治理质量的现实影响。

(二)组织化的建构设计:乡村治理的整合功能

从社会学意蕴来看,组织化的建构设计无疑是建立在乡村社会的个体与集体间的一项整合行动。由此将组织化延伸至社会整合的研究范畴,而社会整合的实质是社会个体成员相互间关系的联结纽带(Social Connection link)。涂尔干(Durkheim)进一步将社会联结纽带分化为如下两种类型:一则是现代社会立足"高度社会分工和集体意识弱化"情景下的功能型依赖性纽带,二则是传统社会立足"低分工、强集体意识(成员同质性高)"情景下的"集体意识"型的关系纽带。如上所述的两种类型简而概之,即功能意蕴下的整合和意识意蕴下的整合。

通过对赣东北JW镇D村的长期观察来看,D村老年协会的组织化集中展现了如上社会整合的两种类型,具体而言:

一方面是功能意蕴下的整合。首先,自组织的建构设计有助于村民实现自我表达之权益,自主维护和保障自身利益,同时亦能维护自主参与乡村治理。作为自治权利的村级组织有效形塑为国家力量在乡村场域空间内的代理人。事实上,除了中央到地方各级人民政府所指派的指标性任务下放到村级组织,大量本应该由乡镇政府完成的行政事务亦会沿着基层政权链条延伸至乡村社会之中。但在如上的行动过程中,囿于乡村村民切身利益相关的乡村公共服务供给并不直接关乎乡镇政府的绩效考评,乡镇政府往往采取一种"听之任之"的行动逻辑,尚未客观呈现出乡村治理的真实行动。①尽管随着地方政府财务公开和治理技术的发展,阳光政府的政府发展格局日益形成,自然要求基层政权适应改革步伐与节奏。而对D村村委会进行观察,2015年村委会的"村主任选举"中派系竞选公开化,但村支书却"坐享其成""坐山观虎斗",其选举过程被村民称之为一场"笑闹剧"。事实上,这次选举最后的结果是两派系的人选都未能成为村主任,村支书却被JW镇政府担任,直接"村支书和村主任一肩挑"。由此看出,D村村委会的现实治理成效已然不足以实现当初"制度设计者为其设计"的自治组织功能。但是从D村老年协会的日常运作过程来看,其自组织的运行成效对于乡村治理而言有效弥补了乡村治理中村委会治理责任的缺陷。事实上,村委会及党支部更加注重国家力量在基层政权下的行政化利益,而乡村自组织则偏向于协会内部成员及其村民个体的切身权益,其自然会广泛地被村民所接纳和拥护。其次,以老年协会为自组织建构,实现了乡村社会资源再整合,并提供了整合之平台。一方面是整合体制外的精英资源。自D村老年协会的自组织建构后,其原先的"村-组"结构被消解,体制外的乡村精英易于被吸纳到乡村社会空间之中。其结果是乡村精英以其独特的知识、资源行动力及乡村权威实现乡村自组织治理。另一方面是整合所吸纳和筹集到的乡村资源。正是基于D行政村历史上隶属于古徽州地区,其内生的文化属性从属于古徽州文化,徽商文化自然还长存于乡土社会之中。老年协会在发展过程中会自发寻求与外出经商的徽商后代的联系,频繁互动使他们了解家乡,更愿意建设家乡。依托老年协会办事会的组织平台实现了新乡贤、乡村精英与村庄间的时空联系,促进了乡村建设。②由此看出,以老年协

---

① 李志强、王庆华:《"结构—功能"互适性理论:转型农村创新社会管理研究新解释框架——基于农村社会组织的维度》,《南京农业大学学报》(社会科学版),2014年第5期。

② 徐晓全:《新型社会组织参与乡村治理的机制与实践》,《中国特色社会主义研究》,2014年第4期。

会为自组织的建构设计实现了乡村治理质量的稳步提升。

二是意识意蕴下的整合。从上文的叙述和论证来看,D行政村下属的自然村庄仍然属于"低社区记忆和经济社会分化弱"的村庄类型。D行政村乡村社会的性质归属为一种"低社区记忆",其传统的宗族意识等乡村文化逐渐呈现出衰退迹象,甚至在某种程度上呈现出一种消解的现实图景。但是经过笔者的现实观察和调研发现,新宗族式意识(具体是以房客文化为主)逐渐焕发生机。诚如贺雪峰等人认为的,传统宗族文化意蕴下的乡村衰落并非意味着传统乡村文化的社会记忆在乡村场域空间的"离场",事实往往呈现出相反之态势,如上的这部分乡村社会记忆在特定阶段和特定情境下会强烈复苏,甚至会进一步激发乡村集体行动,实现乡村自组织在个体成员与集体意识意蕴下的整合功能的现实发挥。①

此外,随着现代性的不断渗透,工商资本与国家资源的不断输入,经济利益意识下的社会活力迸发,意识意蕴不仅局限于如上的文化记忆层面,同时还嵌入经济利益意识之中。因此,有必要探究经济利益意识在乡村共同体中的行动意蕴。以制度经济学视角来观之,"共同经济利益意识"比传统乡村社会网络更加兼具了村落团结之特质,亦更能抵制乡村社会外源式的经济力量对内嵌入的外部侵蚀。与此同时,以如上为基础的互惠互利机制所形构而出的集体行动势必能带来更多的乡村利益。这种身处乡村共同体"共同经济利益意识"的凝聚能有效强化乡村的共同体认知观念及其乡村行动规范。以D村为观察村庄,D村空心化现象愈发严重,在青壮年人口大量外流的大背景下,村庄发展遭遇持续困境,其亦无法回避个体分散的现实窘境。以D村"水口修庙"事件为例,其事件本身的客观现实前提是不顾个体

---

① 龚志伟:《农村社会组织的发展与村治功能的提升:基于合村并组的思考》,《社会主义研究》,2012年第5期。

经济的分散化利益的特质,依托D村的内生自发观念的外部形塑出"共同经济利益意识"。如上的利益意识会进一步强化乡村民众的集体行动,实现乡村文化的保护性行动,进而实现在乡村场域空间的互惠性的个体与集体行动的制度化。但在此过程中,不可忽视因特定经济利益而凝聚出的"共同经济利益意识"在乡村治理及其乡村集体行动过程中,其意识外显效应的功效强度呈现出有限性之特质,其无法进一步推动和促发新式的更为广泛乡村文化的集体保护行动和互惠治理行动。由此看出,面对日渐式微的村庄发展困境,仅仅依靠村庄内部共同体的文化观念是无法化解因经济理性而交织的交易行为和集体行动的矛盾。换而言之,以一句乡土话语而终结莫不是"制度公平比强制的观念更重要"。

（三）乡村主体的组织化整合

笔者认为乡村组织参与乡村治理是在微观村庄权力的场域下,在一起事件中与村民组织的博弈和合作下实现的,所以我们要洞悉影响乡村组织参与乡村治理的因素,就要理解D村庄中的体制内、体制外乡村精英及在村庄权力场域中的社区记忆。从乡村组织内部的乡村精英群体、乡村组织对社区记忆的利用来探讨乡村组织化过程中存在的内在微观因素。

1.乡村组织中的乡村精英群体

乡村组织的治理过程也就是乡村组织形成自组织能力的过程,尤其对于D老年协会这类乡村组织而言,其成立就是一次制度创新的过程。而在这一过程中,协会中非体制乡村精英的作用是至关重要的。

1978年中国体制改革使得乡村精英发生了很大的变迁,由一元的精英格局向多元的精英格局转变。而乡村精英群体大体上可以分为两类:体制内精英和体制外精英。体制内精英参加的县乡村三级行政组织已经"统合化",和党政企纠缠在一起形成了一个有共同利益诉求的统合主义(Corporatism)组织。所谓"上面千条线,下面一根针",在现阶段,它还是国家与农民关系中介并构成其具体体现形式,也是现行行政体制运作的权力基础。而村落成员为了满足自己切身利益的需求,往往要通过非体制精英以一定的组织形式方能在村落场域与体制内精英形成博弈关系,从而参与到村庄治理中来。①XL村老年协会在成立之初,就已被"统合化"了。尽管XL村的非体制精英被纳入老年协会这个组织平台,但组织既没有发展的空间,也没有提供非体制精英与协会成员能形成稳定互动关系的条件,结果协会中乡村精英群体"松散"地联合在一起。加上协会组织管理上的不善造成老年协会的"污名化",更使其游离于协会之外。而D村老年协会的建立无疑为D村的非体制精英提供了一个组织平台,而且依靠协会名誉理事长CTZ的个人魅力,能够让协会成员和村民建立起稳固长效的互动机制,在与村民的关系中建立起广泛的权威,形成"紧密型"乡村精英群体,并真正成为乡村治理的重要"一元"主体。

2. 乡村组织对社区记忆的利用

乡村组织在提供组织平台的同时,也建立起相应的行为规范,形成成员共同服从的意识。我们在上述村庄老年协会的比较中发现,尽管二者所在村庄的性质、组织设置和机构及成员组成等方面近乎相同,但意识整合功能的差距却使二者在乡村治理中的表现大相径庭。这一整合机制的基础源自共同的社区记忆认同。村老年协会在由血缘、地缘相互交织,以"差序格局"的标准和血缘亲和的远近所支配的徽州文化村落小共同体中,提倡"尊老敬老""老有所为"。②而D村的村落成员也认识到所有的人都要老,也都希望"老有所养",得到应有的尊重。这样村庄共同社区记忆获得了社会成员共

---

① 钟宜:《我国农村社会组织发展与乡村治理方式的变革和完善》,《探索》,2005年第6期。
② 刘金海:《乡村治理模式的发展与创新》,《中国农村观察》,2016年第6期。

同的认可和利益共享,从而形成了共同服从的社会规范和意识,赢得了社会成员的信任。D村老年协会则因为组织先天设计的"失调",导致后天因没有能量和动力来动员和承接存在的社区记忆等社会资源而更陷入"营养不良"的状态,所以D村老年协会无法像XL村老年协会那样利用社区记忆凝聚协会成员,以至于XL村老年协会连一个"像样的组织"都无法形成。

第三节 非耦合性支持:正式与非正式制度的不均衡互动

一、非制度化的策略运作:乡村治理的实践样态

改革开放以来,乡村社会治理面临着新的权力运作逻辑,从计划体制时期的制度化逻辑转到一种非制度化运作逻辑,且这种非制度化逻辑客观呈现在乡村场域中为策略运作逻辑,或可认为策略主义。①人民公社制度解体,家庭联产承包责任制建立,都进一步引致了乡村社会场域空间的国家力量与社会力量的相互博弈,由此新中国成立后最初建立的乡村社会的制度化运作逻辑面对新的挑战。而分田到户后的乡村社会权力运作集中展示了乡村公共权力在深入乡村区域后因乡村社会特质而发生利益交换和协调,并随之形构出选择性的策略运作模式,甚至在某种意义上呈现出特殊性。如上的策略主义囿于特殊性和可选择性对乡村社会场域空间的权力运作尚未形塑出可持续的约束效应,最终有可能会出现乡村治理的不稳定风险。

---

① 欧阳静:《基层治理中的策略主义》,《地方治理研究》,2016年第3期。

（一）非制度化运作的前提：制度化运作逻辑的治理质量低效

正是囿于制度化运作逻辑的治理质量低效，其乡村治理结构的制度化水平显现出低下之势，既有的制度化运作难以维系乡村治理的实情，因此要想获取理想化的治理行动，谋求其与实际治理行动之间的平衡，就需要对乡村治理主体和治理结构运作逻辑进行转化，转向非制度化运作逻辑，即策略主义逻辑。[①]事实上，中国传统的乡村社会结构、乡土社会的内生特征、村庄内源式的积淀、中国人情社会的存在都为策略主义主导的非制度化运作逻辑提供了乡村治理的"合适土壤及温床"。

从诺斯的观点来看，制度存有正式与非正式之分。作为中国久远的乡村社会传统，外在的人情风俗被视为一种非正式制度的客观显现。事实上，无论是正式抑或非正式，制度本身兼具了制度规范效应，这一效应会形构出对权力运作的恒稳的约束作用。因此，治理主体的行动逻辑和行为方式都在显著抑或潜在的规则和规范下进行可预期的行动，只不过是如上的治理行动在对权力运作的稳定约束下仍然是强弱有别。面向乡村社会治理的实践而言，村庄内部的村支部、村委会、乡村精英、乡民间的互动博弈常常形塑了乡村权力的实践运作模式，呈现出一种"策略化行动"的特征。这种"策略化行动"集中体现了非制度化运作逻辑。权力主体抑或治理主体基于非制度化的规范作用，限制了权力的正式运作，其本应该有的规范效应所能激发的约束作用呈现出有限性。由此可以认为，策略化运作模式可被视为一种"低制度化"水平，而这种"低制度化"水平会进一步导致乡村治理质量的低效。

从应然层面来看，正式制度的规范效应体现为限制和降低治理场域空

[①] 陈潭、刘祖华：《迭演博弈、策略行动与村庄公共决策——一个村庄"一事一议"的制度行动逻辑》，《中国农村观察》，2009年第6期。

间内的权力运作风险和交易成本,且如上的规范功能效应需要明确可预期的治理行动和主体行为。此外,权力的运作建立在制度规范形构之前,更为重要的是其需要经过主体间的反复互动与博弈。由此在面向乡村治理的复杂性,制度化水平的低效,权力主体的运行必然是依照主体的自我意志,以主体的自身利益诉求为基准,对乡村权力进行特定的模糊运作,进而引致了乡村权力运作的非固定化,最终有可能导致如费孝通所论述的乡村权力和乡村治理的"双轨制"[1]。从本质来看,乡村治理双轨制的出现昭示了非制度化运作生存空间的出现,权力主体抑或治理主体在治理行动过程中选择性地执行和实践某一制度作为自身利己的策略行为,只需要在既有体制内和治理区域内获取合理认可,但其并未过分关注的是正式制度还是非正式制度。在此有必要提醒的是,面向双轨制下的乡村治理,权力主体间的互动关系是在双轨制度规范效应之下显现出的一种短暂式平衡,而非可持续。乡村社会场域空间中一旦权力主体有了新的利益需求,其必然会选择某一策略来实现利己需求,进而再造出乡村的新权力关系,实现乡村治理质量的保障。综合观之,以策略运作的路径依赖使得非制度化的运作得以长存于乡村社会之中。

(二)压力型体制下策略运作的手段

尽管基层政府鼓励乡村治理的自我推进创新,然而基层政府的实践逻辑并未超越自上而下的压力型体制,这恰恰是非制度化的策略主义存在的直接动因。中国特色的权威体系,以"政绩锦标赛"为核心的压力型体制,都进一步将官员任务和治理创新"捆绑",干部任命制得以长期存在的合理性

---

[1] 赵旭东:《乡村社会发展的动力问题——重新回味费孝通的"双轨制"》,《探索与争鸣》,2008年第9期。

毋庸置疑。压力型体制下基层政府自上而下的指标任务逐步增加,作为行政权力神经末梢尾端的乡镇政府难以在严格意义上摆脱"束缚",指标任务的"下沉"使得最初设置的任务的合理成分会沿着权力层级而发生逐级递减效应。[①]换言之,压力型体制下任务指标的向下迭代,政治任务的合理性和政治指导性会愈发淡漠,但政治强制性特征却在权力链条的延伸过程中呈现出愈发强烈之势。由此面对这两者之间的双重淡化悖论,为非制度化的策略运作模式提供了生存土壤。

基层政府(县乡两级政府)权力的相对方——乡村,深知基层政府的上述指标任务的压力困境,才会诱致了双方互动过程中乡村权力主体以自我资源来与基层政府抗争和互动博弈。事实上,基层政府及其干部成员的晋升和考核及自我利益的实现只能依托于压力型体制的压力指标的完成。由此反映在乡村治理行动中,基层政府与乡村的互动博弈,一旦两者的行动诉求和利益选择存有偏差,并且这种行动诉求和利益选择是指向压力指标的,那么就会促成权力更大一方的基层政府的选择手段的多样化,但其策略行动却往往反映在单一的任务指标上。此时,村庄内部的行动选择却是多元的可供选择的。乡村场域内的权力主体间的张力关系越发显露,村支两委既需要完成上一级基层政府所派发的指标任务,迎合其行动要求,进而谋求权力与人情的交往;又需要以非合作的姿态来逆向反射于基层政府,营造出自下而上的给予型压力。[②]通过如上非制度化的策略选择,乡村权力主体希冀于自我利益的掌握与实现。由此看出,压力型体制下"顺从合作与非合作"日益成为利益博弈和互动交往的权力行动策略。正是基于乡村治理中

[①] 李海青、赵玉洁:《压力型体制的治理限度及其调适》,《理论视野》,2017年第9期;倪咸林、向征:《体制与乡土双重背景下乡镇政府社会政策执行偏差研究》,《湖北社会科学》,2016年第10期。

[②] 薛泉:《压力型体制模式下的社会组织发展——基于温州个案的研究》,《公共管理学报》,2015年第4期。

的低制度化水平,非制度化的策略行动运作需要建立在治理技术之上,以谋求"合法"抑或"合理"的外衣,进而引致了制度与非制度化边界的模糊性。

正是基于如上压力型体制的前提,制度与非制度化策略运作之间的边界模糊性愈发明显,由此无论是通过自上而下还是自下而上的行动逻辑,其目的在于突破原先制度性规范的约束。侧面反衬出项目任务在派发后所形成的压力指标倒逼了如上的策略运作逻辑,其实质动因仍然是主体利益的谋求与选择。[①]事实上很多境况反映出的是,任务压力沿着权力链条下沉至乡镇政府,但其任务指标的分配并没有合理清晰的类别和划分,进而为非制度化的策略运作提供了生存空间。诚如学者认为,一旦乡村社会场域空间中一项偶然的策略性运作"成功"后,乡村项目资源恰恰满足了村庄权力主体的利益需要,如上的偶然性行动会被演化为一种"路径依赖",并再次强化这一运作。囿于村庄熟人社会的特质,正式制度的匮乏,权力运行过程中的信息非对称的"病态"秩序存在,致使乡村社会难以实现如正常一般的预期发展。而乡村权力主体在乡村内部借助于非制度化的策略运作得以再造出某一短暂式的权力均衡,以此来谋求自身的利益选择。

(三)国家力量对乡村基层社会控制力的衰减

事实上,在家庭联产承包责任制实行伊始,分田到户的单干模式兴起,特别是在2003年农业税费改革之后,乡村社会治理中的策略主义发生了异变,其更多依赖于"乡村知识"所建构出的乡村地方性逻辑。正是基于制度化逻辑和乡村非制度化策略主义的"双轨并行"于乡村社会场域,使得乡村

[①] 赖诗攀:《中国科层组织如何完成任务:一个研究述评》,《甘肃行政学院学报》,2015年第2期。

治理愈发自如，且能夯实乡村治理质量的基础保障。[1]改革开放之前，乡村治理仍然遵循着鲜明的国家主义下的正式制度运行逻辑，而经济转型对乡村治理的冲击不言而喻，乡政村治模式的政策制度安排显然不会与计划经济体制时期的人民公社制度对乡村社会的整体性形塑相同。如上的反思映射到乡村治理的现实图景表现为：乡村治理行动与基层治理的制度文本出现"脱节"（Out of Touch），乡村治理的策略主义也在某种意义上脱离了预先设置的治理轨道。诸多研究将非制度化乡村运作逻辑刻画为"乡土中国的本色"，而亦如此逻辑一般，"乡土中国的本色"进一步诱致了乡村传统社会治理的礼俗秩序，过分推崇传统政治文化和乡村内源式的积淀，最终或可能陷入文化本土困境。乡村传统政治文化和礼俗教育实质上是地方性知识和权力对国家权力及乡村力量的进一步消解。简而言之，国家权力对乡村控制的弱化实则为乡村事务非制度化运作的本质性解释。

传统中国社会治理结构分化为双层并行，以郡县为基本界限，县以下为地方性的自治体系。一种以乡村社会为主体支持，并配套出相应一整套的乡村地方性的非制度化体系。而乡村的权力运作逻辑遵从"乡土"逻辑，其与县以上的国家权力运行逻辑并不相违背，各自发挥应有的积极效应。换而言之，两种策略运作逻辑并行不悖，在各自的领域发挥各自的作用。[2]计划经济体制时期国家权力所引领的政治运动彻底消解了乡村社会内生的文化网络，乡村非制度化运作的经济与社会基础被消解，传统乡土中的非制度化的自治逻辑被彻底清除。随着家庭联产承包责任制的施行，人民公社制度的进一步解体，"乡政村治"模式被迅速推行，权力向上回收，国家力量对

---

[1] 刘明兴、孙昕、徐志刚、陶然：《村民自治背景下的"两委"分工问题分析》，《中国农村观察》，2009年第5期。

[2] 欧阳静：《运作于压力型科层制与乡土社会之间的乡镇政权——以桔镇为研究对象》，《社会》，2009年第5期。

乡村社会的控制力有所缓解。特别是在农业税费改革之后,乡村传统文化和根基得以复苏,非制度化乡村地方性策略运作逻辑的根基得到了长时间的修复,由此国家权力的制度化运作逻辑遭受了乡村地方性非制度化逻辑的反制。基于如上的分析,作为悬浮型政府的乡镇政府面临着如上两难处境,国家权力逻辑和乡村的地方性知识逻辑的相互掣肘,同时又相互联系与冲突。而如上两者之间的冲突所能引发的结果是乡村社会权力的非制度运作趋势愈发明显。作为村庄中的权力主体——村支两委及村干部,其自主选择的空间会显现出极大效应,进一步诱致乡村治理的选择性治理现象的形成。

二、正式制度与非正式制度的"相互妥协"

(一)"非正式制度的生活":正式制度合法压力下的生存空间

在现代社会中,一项新的制度出台并不能很快地得到制度对象的接受,甚至会出现制度对象对制度的遗忘或是忽视,但是回到原有的制度安排是不可能的。在这种情况下,新制度往往会产生一种无形的"合法化"压力,迫使当事者调整自己的行为方式,来适应新的制度安排。在政治制度的合法化压力下,村干部作为国家和民众之间联系的桥梁,在国家政策法规的宣传教育中起着重要的作用。[①]在一般情况下,国家政策法规的传递途径主要就是村主任和村支书等重要的干部从镇里会议上获得,然后回到村子里开小组会议再传达给村各小组组长,各小组组长再想办法传达给各组的组员。

各种政策议程及政策落实消息一般是沿着两种渠道传播开的:一种是

[①] 刘耀东:《行政合法性抑或社会合法性:农村社区服务类社会组织发展模式选择》,《中国行政管理》,2017年第4期。

从乡镇干部到村干部再到小组长,最后再到村民这样一种正式的渠道一步步传下来的;另一种是通过村民在村庄公共空间的聊天等非正式渠道传播开来的。总的来讲,不管是通过哪一种渠道最终的结果是消息在村庄很快地传播开来,并且在村庄产生了很大的反响,如上逻辑也会对村民产生一定的心理压力。新的法律规定通过正式和非正式渠道在乡村民众中得到了传播,新的法律规定无论在该地的真实效果怎么样,乡村民众在心理上还是对法律存有敬畏感的,法律规定对他们也产生了一定的压力。乡村传统的去形式化是乡村民众与乡村治理精英进行比较和选择的结果,乡村民众和乡村治理精英各自从自身的经济利益和社会利益出发,进行着有利于自身的选择。[1]从深层意义上讲也是正式制度与非正式制度相互较量的结果,迫于正式制度的合法化压力,乡村民众在乡村"去传统"过程中只能选择"放弃",即非正式制度显现出了向正式制度妥协。

(二)相互妥协:共存、共在于乡村制度空间之中

事实上,在乡村空间中以非制度化的策略行动,不同行动者会基于差异性的利益采取选择性的行动路径和策略。出于个体利己选择、乡民压力和社会舆论等因素的压力,村支两委及其村干部必然会考虑选择性地执行制度化的规范,求得非制度化的"退让";乡民囿于合法性的制度化规范的压力,会迫使其遵从正式制度规范的理性行动,尽管向制度化乡村规范让步,实则是转向依托于非制度化的乡规民约等。如上的双方主体在乡村制度化的两个层面中形塑出一种相互妥协之图景。

1.相互妥协:多元主体共同建构的制度关系

---

[1] 杜鹏:《动员型组织的日常化:农村老年人协会的运作逻辑与演变路径——基于湖北W村老年人协会的个案研究》,《南京农业大学学报》(社会科学版),2016年第4期。

诚如曹正汉所认为,制度的自发性演化很难与行动主体、意识形态相分离,往往现实中的制度演化是如上两者共同催化的。村干部在村庄扮演着国家力量与社会力量博弈的链接体,内在张力关系在同一个集合体中发生冲突。[1]国家权力力量依托于村干部等代理人角色,向乡村民众传播和指导国家方针政策,并督促其在乡村的在地化实践;而乡村民众需要依托于村干部等代理人角色向上传达政策执行的偏差及治理空间的漏洞。事实上,国家力量向上收缩过程,客观上为乡村秩序的重构提供了良性的时空机会。国家力量与民众力量在乡村公共空间的互动交往博弈,而乡村行动主体基于乡村制度框架进行一定程度的"思考、选择和行动",进而影响了乡村社会治理的制度与结构之间的关系,甚至在某种意义上重塑了乡村制度结构的内外部空间。

2. 正式制度妥协于非正式制度

乡村事务的治理中村干部的"默许"行动是制度化规范"妥协"于非制度化的客观体现。村干部作为国家权力力量与乡村本体力量的集合体,制度安排和政策选择的在地化实践需要村干部的执行态度和积极性,但村干部落实任务指标时会受到个体利益驱使,其后果往往呈现选择性治理逻辑。[2]事实上,作为国家权力的代理人——乡村村干部的个体利益诉求是其妥协机制的动因之一。村干部的"'经济人''社会人'及'政治人'"之角色使得其主体行为面临着"多难选择",难以维持本该有的角色功能。此外,应当注意的是,村干部个体追求的利益选择不仅仅局限于经济收益,还涵盖了社会收益,诸如名声、面子、人情、权威等。如上的社会收益在村庄的熟人社会显得尤其重要。由于拥有如上的名声、面子、人情、权威等熟人

---

[1] 亚历山大·F.德伊、周艳辉:《百年乡村自治改革:税收改革后中国乡村社会的重构》,《国外理论动态》,2016年第7期。

[2] 徐勇:《国家整合与社会主义新农村建设》,《社会主义研究》,2006年第1期。

社会要素,其结果往往是能俘获更多的乡村社会信任与支持,随之到来的乡村话语权增多。因此,无论是社会收益还是经济收益,村干部都会面对种种利益诱惑,此外如若不会因妥协而损失自我,作为多重人格特征的村干部何乐而不为?

乡村治理制度"流于形式"是其"妥协"的行动恶效。乡村非制度化行动对制度"不合作、规避、变通"的策略行为,仅仅表面式的维持和执行治理,但实践的"假合作",在某种程度上引致了乡村秩序的紊乱。更为凸显一点,两者的妥协之态会致使乡村制度化规范的"虚置",换言之,制度化规范看似有治理行动之效果,实际却显得苍白无力,然其实情是非制度化的策略主义在乡村治理中扮演着突出角色。

3. 非正式制度妥协于正式制度

"去形式化"(de-formation)是非正式制度妥协于正式制度的凸显特征。中央战略方针和制度安排进驻乡村后,除了依托于一般性的国家力量(基层政权、村支两委及村干部),还需要内生力量(乡村精英及乡村民众等)。[1]由此,中央战略方针和制度安排"在地化实践"后能否获得乡村社会的认同则有赖于内生力量的广泛支持,广泛支持的显著效应是建立在制度的"去形式化"。村干部在制度安排的在地化实践层面上的不坚决、摇摆之态,使得乡村民众不会重视政策的执行,政策执行背后的政治意蕴会被乡村内源式积淀所消解。

压力型体制下正式制度会随着乡村治理的阶段进程而形塑出制度压力,如上的压力显现出合法性。换言之,自上而下任务指标的传递会沿着权力链条延伸至乡村民众,进而会给"受众对象"形构出一定的约束效应。在

---

[1] 韩鹏云:《乡村研究视阈中的国家与社会关系理论——脉络检视与范式反思》,《中共党史研究》,2013年第5期。

此需要注意一点,如上的约束效应会以正式制度的文本而再生出制度合法性压力。在合法性压力下,乡村民众是不可能与正式制度规范相违背的,而是采取迂回式的策略主义来保护自身利益。如上的行为逻辑,亦会映射到乡村权力主体(村支两委及村干部等)。

(三)制度"妥协"下的乡村秩序

正式制度与非正式制度之间的"妥协",国家权力触手的上移和收缩,都为制度空间的创生提供了可能。①事实上,制度空间中的行为主体会因个体利益选择而充斥理性行动,最终有可能因其行动选择和策略主义诱致了乡村的隐蔽秩序的形成。压力型体制下,各方乡村权力主体因自身的利己动机而形构出差异化的策略行动。社会权力力量的乡村民众因正式制度合法压力而做出"退让",国家权力代理人的村干部因个体利益选择和权力权威等向非正式制度的"退让"。②正是基于如上的多元化行动主体的双向影响,制度妥协得以形成,但两者还存有"冲突、融合、互补、替代"等多重关系。在此境况下,促使乡村社会建构出了隐蔽型的秩序。一旦乡村隐蔽秩序有解构的迹象,乡村社会秩序必然会陷入乱序之中。正是基于乡村隐蔽秩序的非稳定性之特征,激增乡村社会治理的风险,最终可能降低乡村治理质量。事实上,亦如乡村隐蔽秩序的存在,其不稳定性会不断充斥乡村社会发展之中,村庄的生命力是不可持续的,最终将会走向解构,甚至是消亡。

---

① 郑卫东:《"国家与社会"框架下的中国乡村研究综述》,《中国农村观察》,2005年第2期。
② 刘耀东:《行政合法性抑或社会合法性:农村社区服务类社会组织发展模式选择》,《中国行政管理》,2017年第4期。

第四章　乡村振兴中的治理逻辑

尽管当下阶段的乡村治理在形式上是自治状态,更多呈现出的是"乡政村治"之实质,基层政府及村委会仍是乡村治理的主导角色,充当着乡村治理制度供给的主导方。然而如若单纯关注基层政府及其村委会,则犹如"盲人摸象""冰山一角"。事实上,乡村精英、乡贤、乡村民众等体制外的行动者在乡村治理的参与直接关系到乡村治理质量。从整体主义方法论来看,过分强调和凸显制度的刚性约束,结果往往会忽视人的主观能动性。因此,如何审视乡村治理中的多元行动者,尤其是体制外的行动者,将会决定乡村治理质量的长期性。如上体制外的行动者置身于乡村的熟人社会之中,其个体本身并非被动的行动主体,而是灵活的"经济人、社会人",多重人格的属性使得我们无法以一种常态逻辑来考量。在一个乡村中,制度会引致社会场域空间中的行动者互动,进而影响社会治理质量。无论是正式制度,还是非正式制度,多元化的行动者在此空间中互动与博弈,形成异质化行动的策略选择。在新中国成立后,依据不同的历史阶段分析不同行动者及其行动逻辑,进而阐释其不同关系中差异化的行动者的利益选择和行动规律,最终刻画出不同行动对乡村治理质量的影响效应。

第四章 乡村振兴中的治理逻辑

第一节 党建引领：乡村振兴的领导行动逻辑

一、基层党建与乡村建设

实现农业农村现代化的重大举措在于乡村振兴，乡村振兴的最终成效则是由乡村治理有效程度所决定的，而坚持乡村振兴，其内在的根本原则要坚持党的核心领导。进一步地，如何通过党建的抓手，实现乡村治理的有效性已然成为乡村振兴战略实践中的重要理论课题与现实命题。从本书的众多调查资料来看，在我国广大场域空间中，各地基层政府都在牢牢抓住"基层党组织建设"的中介功能，以期能够不断助推乡村治理有效性的地方模式与实践经验案例的不断涌现，诸如："广西河池"模式（其模式的内在逻辑主要是通过"党群共治"的行动逻辑，将其有效嵌入河池村域基层党建创新改革行动之中，其行动宗旨在于着重提高村民自治的治理成效）；"广东清远"模式［其模式的内在逻辑主要是将党组织重心进一步下移，把管理模式的以往两层（乡镇政府——行政村）升级为"乡镇政府——'片区'——'行政村'"的三级模式（此中所涉及的"片区"，即原先管理模式下的行政村；"行政村"，即原先管理模式下的自然村或村民小组），进而强化了农村基层组织建设，提高了村民自治水平］；"江西分宜"模式（其模式的内在逻辑主要是实现"党建+"与村民自治的有机结合，旨在形成乡村社会有效自治和有效治理的局面）。

从众多乡村振兴的研究文献来看，近年来从基层党建视角来审视乡村振兴与乡村治理有效命题是学术界与实务界较为关心的议题。既有研究大体上从如下三个方面展开，即理论阐释、模式解释和内在机制分析。

首先,基于"国家与社会"关系、"政党与社会"关系的理论视角,主要围绕基层党建如何参与乡村振兴这一主题进行理论阐述与实践分析。"国家与社会"关系理论视角下认为党建引领的基层治理具体表现为一个具有行政吸纳和自我生产双向互动过程的"生产社会";基层党建参与乡村振兴的实践逻辑实际上内含一种新的国家社会关系,即共生型模式。"政党与社会"关系的理论视角下,学者们认为在中国的政治生态下,政党组织社会是中国式社会治理的创新,尤其是乡村振兴实践的重要引领路径。在乡村基层场域空间中,"把政党带回来",或者说"政党下乡"已然是中国之治的创新改革。进一步可以说,基层党建全面引导并参与到乡村场域中的乡村治理有效性创新改革行动关键在于全面坚持党的核心领导,有效实现对乡村众多关系的必要整合(诸如在社会利益、价值和组织等层面)。如上行动从本质上看,仍然未超脱于政党对乡村社会治理的统合逻辑,其目的有利于在乡村场域中形成政党与乡村社会的合作共治的格局。

其次,基层党建引领乡村振兴行动的实践模式繁多,例如乡村地区的嵌入式网格化治理、党群共治、"党建+村民"的协同自治、"互联+"下的"党建+治理""互联网+党建"引领、"党建+自治"的双单元下沉等多元化模式。

最后,探究乡村振兴的内在机制层面的相关研究。认为基层党建促进乡村治理的关键离不开基层党建与基层社会治理的互动共生格局的有效构建,强化基层党建的引领功能,以促其内嵌于基层治理结构,力图实现互动耦合模式。当然如上的互动耦合模式得益于基层党建内生的引领向导、整合协调功能。换句话说,通过凸显基层党组织的长效建设,无疑会促成其对村民自治的内部有效嵌入。那么,在行政村层面上,对基层党组织政治权威的强化、对基层政党职能范围的拓展,进一步通过对自治单元和党建单元双重下沉村民小组抑或自然村,促进基层党建。

有关基层党组织建设与乡村治理的既有研究所形成的一系列研究成

果,恰恰为本书的分析奠定了一定的研究基础,留有一定的空间缝隙来填补。这主要是由于:其一,以往研究成果大多将基层党组织作为乡村振兴与乡村治理的主导者,通过加强基层党组织的自身建设,尤其是其对乡村振兴的外部溢出效应,甚至其对乡村治理转型的挑战与风险考察,但是未能强化与凸显乡村振兴本身的"乡村性与社会性"。其二,在上述重点之后,已有研究更多是对乡村振兴内在机制层面展开分析,但是其忽略了应从基层党组织网络体系视角来对未来乡村振兴的更深层次内因进行探讨。换句话说,既有研究大多分析了基层党组织建设如何嵌入并促进乡村的全面振兴,但并未厘清及考究乡村振兴为何需要如此密集地裹挟基层党组织建设,这才是既有研究的症结之所在。

二、党建引领乡村振兴的实践机制

根据农业农村现代化建设的本体要求,以及国家乡村振兴战略的方针与要求,江苏省下辖各个地级市结合本地实际,因地制宜"抓关键、补短板、强弱项",全面推进乡村振兴的在地化实践工作,各地相继提炼和形成了各具特色的基层党建引领乡村振兴的模式与创新机制。

(一)主体重塑:乡村振兴的基层党组织的主导归位与角色增能

在乡村治理实践中,基层党组织长期以来存在角色偏位的现象,即"只要政治重要,但实际治理软化"的现实图景,具体来说就是在村民自治制度文本中处于核心领导角色地位,但是在实践中,其核心领导角色、地方与功能无形中被其他主体在不同程度上弱化。为此,在江苏省乡村振兴的实践中,各个地级市积极努力地推进基层党组织的长效建设,重点落实到如何凸显基层党建引领乡村全面振兴的功能。

其一,以明确基层党组织"元治理"的主体角色为切入口,有效充实和发挥基层党组织的政治引领作用。可进一步通过出台乡村振兴的制度文本,以法律法规形式来强化基层党组织在乡村振兴中的全面引领作用,以更有力地宣传、习近平新时代中国特色社会主义思想、贯彻中国共产党历次党代会精神、深入学习2020年及2021年的中央1号文件精神,以基层党建为强有力抓手领导乡村振兴与乡村建设行动,最大范围地团结和动员最广泛的乡村人民群众,以期实现乡村振兴,推动农业农村现代化改革的持续发展。

其二,通过提升基层组织力的关键举措,进一步推动乡村场域空间中的基层党组织建设。具体而言,为了能够克服基层党建的自我去中心化的问题,应当敢于冲锋,要全面布局,重点夯实乡村一级的基层党组织阵地及平台建设。同时,进一步规范乡村基层的党员日常管理制度,特别是对"乡村—城市"空间中的流动型党员的常态化管理,尤其是重视和高度规范党员的政治生活,旨在能够进一步提升基层党组织的凝聚力和行动力。

其三,加强乡村人才建设,尤其是以村干部人才队伍建设为重点,切实解决基层党组织阵地人才队伍中的"结构老化、青黄不接、能力不足"等多维现实困境。具体来说:要全力培育一支"有政治觉悟、有满腔热情、有责任担当、有卓越政绩"的新时代"四有"村支书;同时,强化驻村第一书记制度的培育和发展体系,意在最大程度地发挥其带头作用。此外,亦不可忽视最广泛的基层党员同志,可倡导"党员积分制",强调党员在最广大群众中的先锋作用,力图实现乡村场域空间中的共同富裕。

此外,强调乡村发展的"带头人"队伍建设,实现乡村人才的整体性素质优化工程,优先从返乡大学生、转业军人、外出经商者中发展和培育党员,可以适当从新乡贤——"道德贤人、经济富人、退休行政领导干部"中选拔和培育村级党组织负责人,可以试行任期目标责任制与承诺制。

以江苏省泰州市为例,泰州为了培育和打造一支"爱农村、懂农业、敬农民"的"新三农"建设的人才队伍,在行政村一级开展了村委(村民小组)干部的"雁阵培育计划",并使得其成为实施乡村振兴战略的基础性工作及乡村场域中的基层党建工作的"一号工程"。"雁阵培育计划"的具体实施层次与对象可划分为:第一层级是能够培育优秀村党组织书记,第二层级是为发展村党组织书记而形成的后备干部,第三层级则是发掘乡村干部年轻好苗子。同时,"雁阵培育计划"对乡村干部人才培育的一个周期是2至3年,构建出了"选拔、培育、考核、管理"的"四位一体"的整体性管理模式,以期能够为乡村基层党建组织力提升形塑出驱动机制,旨在进一步有效助力乡村全面振兴实践。

(二)技术牵引:嵌入技术精细化治理以提升基层党建服务的最大化效能

为了能够化解基层党建长期以来"流于形式、粗放式运转空转及治理成效不佳"等现实困境,江苏省各级地方政府在党员绩效考核和党组织建设等方面,积极借助现代信息科技手段(大数据、人工智能),力图架构出"基层党建+"信息平台,通过信息技术牵引基层党建,意在推动乡村场域空间内的精细化治理,其目的在于能够最大程度使得基层党建的"规矩立起来、内容实起来、成效明起来"。

以江苏省句容市为例。其积极探索乡村振兴的创新改革,并架构了以"五制二十条"为重点的基层党建创新的标准化改革模式,标准化内容主要集中到乡村基层队伍建设、基层治理的运行流程、基层党组织生活、为乡村人民服务,以及基层党建的活动阵地等多维度。同时,句容市还积极引入并有效运用大数据和"互联网+"等多项信息技术,尤其是引入了可视化的业务视频操作理念,以期在最大范围内构建出能够全面覆盖"市—镇—村"的标准化管理体系,乡村场域的基层党建工作的改革创新模式在全域范围内实现了"基层党建任务的统一发布、基层党建活动的纪实管理、基层党建考核的自动评分"三元行动,其行动逻辑自动演化为一种闭环工作方式和行动逻辑,乡村基层党建的监督机制由以往的"干部跑腿"转化为现在的"数据跑路",基层党建的考核办法由年底的"一锤定音"转化为"工分在平时"。只有如此,才能有序提升基层党建的规范逻辑与精细化治理质量。

同时,溧阳市、宿迁市等多个地区也尝试在基层党建改革行动中施行党员积分制——以积分管理促先锋亮绩的改革行动举措,当然其前提是在基层党建实践中切实凸显和重视党员积分成效的积极运用。此举实则在最大程度上激发了基层党员干部"敢作为、勇担当"的工作激情。

(三)价值引领:凸显乡村全面振兴理念以推动乡村的结构性转型

习近平提出,要大力实施乡村振兴战略,其内在的二十字总方针的本质,更多意义上是囊括了乡村社会的"政治、经济、社会、文化、生态"在内的五位一体格局的行动总工程,明确了中国共产党对关于乡村建设行动理念和转型方式的革命性、颠覆式的重构。基于乡村振兴的战略背景,全国各地基层政府与村委会都在积极且努力地践行乡村振兴实践与乡村建设行动实践精神。尤其将现行乡村治理改革的核心落脚点集中到如何有效且充分发挥出乡村场域空间中基层党组织的价值引领与社会整合等功能,此外要积极践行习近平所提出的"两山"理论——绿水青山就是金山银山的行动理念,以此来重塑并升华了乡村生态治理的价值认同与乡风文明的现实改革逻辑。

以戴庄村为例,其地处句容市的茅山革命老区,曾经是茅山区域最为贫困的村庄。为了走出贫困窘境,该村在第一书记驻村之后,引入了相当一部分相关农业科技专家和科研人员。在如上帮扶和支持下,秉持着习近平的"两山"理论与绿色可持续发展行动指南,得以走上了生态农业的发展道路,全力开展有机绿色农业,保护乡村场域空间内的生物多样性,全域范围内恢复农业的生态系统,有效构建出了"产品安全、产出高效、环境友好、资源节约"的现代农业道路。同时,该村还设立了江苏首个社区型合作社——戴庄有机农业专业合作社,在实践中逐步发展并构建出"党支部+合作社+农户"的新模式,其内在行动逻辑呈现为"做给农民看、带领农民干、协助农民销、促进农民富"。在江苏丘陵地带中的欠发达地区有机地形塑出了在全面实施乡村振兴战略下的"戴庄模式",以此凝练出"戴庄故事和戴庄经验"。

为此,将视角转向徐州市。徐州市的马庄村历来都是资源欠缺型的村庄。依据习近平提出的乡村振兴战略,打赢脱贫攻坚战中的"扶贫先扶智"的乡村建设行动理念,其在20世纪80年代初期就已提出"文化立村、文化育民、文化兴村"的发展理念,依托于村集体的行动载体,以集体出资建立了苏北地区第一个农村铜管乐队——"马庄农民乐团"。并且,该乐团自编自演了农民群体身边的故事,不仅增进了村庄凝聚力和村民认同,也活络了村庄文化氛围。

此后,马庄村积极奋斗,充分发挥出了乡村振兴战略在地化实践中基层党员干部的"先锋带头效应",创新性地开展了"一强三带"的基层党建工作方法,即将基层党组织打造成为强力的战斗堡垒,最终促成乡村振兴战略的在地化实践,尤其是在生活富裕、乡风文明、生态宜居等方面,马庄村已然发生了彻底变化。同时,村级党支部则格外注重培育和推动乡村民主发展和建设,充分发挥出志愿者协会、民主理财小组、红白理事会、两禁(毒品、赌博)协会等参与村级公共服务与事务管理的积极作用。并且该村还以文化来感染农民群体,将社会主义的道德规范、社会主义核心价值观、文明礼仪等融入乡村现代化道德讲堂,大力推动乡村旅游经济与民俗文化相融合的创新路径,走上了一条"基层党建引领、产业富民、文化立村之基"的强村发展之道。

三、党建引领下乡村振兴的"三重行动"逻辑

以往研究中多数情况下是将党领导乡村振兴的行动逻辑划分为党—政—自治单元的关系、主体优化、网络重构及治理创新机制等多个维度。笔者认为,乡村振兴实践中的主体网络因素主要囊括了如下主体本身及主体之间的网络关系,那么基于同类合并视角,可将两者整合为乡村治理的网络因素。

通过审视党建引领的乡村振兴实践我们必须建立在如何最大化激活乡村振兴的运行机制,其内在行动重点应当落脚于如何阐释乡村振兴中的主体网络关系和治理机制。本书主要借助江苏省张家港市的案例,沿着纵向治理网络、横向治理网络、治理机制三个方面展开研究。

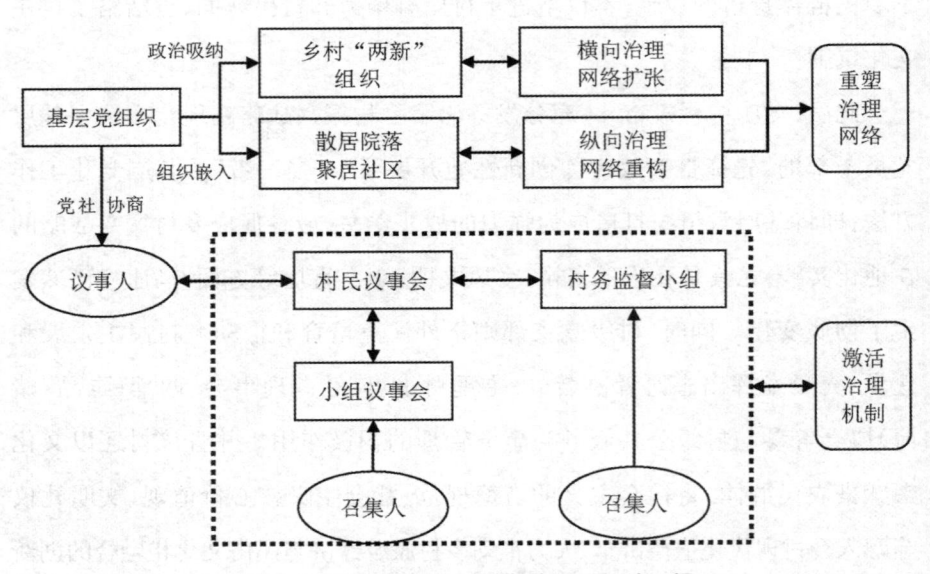

图4-1 党建引领乡村振兴的三重行动逻辑

第四章 乡村振兴中的治理逻辑

(一)以纵向组织的嵌入,实现纵向治理网络的整体形塑

立处全面实施乡村振兴国家战略的新时代背景之下和城乡融合发展的现实要求之中,张家港市在践行乡村建设行动进程中逐渐创生和发展了两种差异性较大的农村社区模式,即散居院落与聚居社区。事实上,正是由于居住单元的结构性迭变,因而需要治理单元与之相伴生的解构并重构,进而在此重塑乡村自治单元与基层政权之间的两重关系——连带关系或是博弈关系,最终能够进一步重构其内在的纵向治理网络。

正是基于上述理论逻辑,张家港市以乡村场域空间的基层党组织建设作为乡村振兴战略在地化实践的现实突破口,在此基础之上,再以乡镇政府党组织再嵌入为契机,旨在进一步对纵向治理网络得以全面重塑与重构。

1."散居院落"模式下的组织改革

对于前一类单元模式——散居院落,其大体上是南方农村格局——"依林而建",这种类型的村庄基本属于自然聚落而成,其内在的村民小组基本呈现出规模较小且分散之现实图景,个体党员基本散落式分布于各个村落之中。因空间距离的固有原因,减少了党员之间的互动联系,因而在乡村振兴实践中会引致一个现象,即党员置身于乡村场域空间中,却未能发挥出其"先锋带头效应"。

基于此,张家港对此进行结构性改革,试图将原先行政村内一定数量和规模的自然村落重整并归类为行政层面上的规模适度的院落。通过这种形制变革,完成对院落式村庄治理单元的进一步重构。事实上,在乡村场域空间中进行最大范围的走访摸底,以便于能全盘了解和掌握以往散居于各个独立院落单元中的党员具体情况,依照组织工作的原则——"最大程度发挥基层党组织的作用,党员活动常态化开展",力求能够突破原先空间地理的限制,以新划分的院落为治理单元,通过基层"再组织化"——联合组建或单

独组建的方式,重构新的院落式党支部或党小组。截至2019年底,张家港市已经重构了2255个农村散居党小组的组织关系,同时亦架构了1032个院落式的党小组。正是基于上述组织安排与组织架构,其行动有力地推动了代表国家力量的党组织对乡村振兴的强力抓手,尤其是通过组织化形式进一步强化了对院落地再覆盖和再嵌入,有助于提升基层党组织对乡村振兴全面实现的组织能力。

2."聚居社区"模式下的组织变革

因常住于聚居社区之中,原先的行政村与村民小组的组织建制被解构,造成了"混村、混组、混楼"的大量杂居的现实图景,由此引致了一系列基层党组织建设的现实困境,诸如"党员不知基层党组织在何处？与基层党组织联系不上？基层党支部书记找不到党员"等,客观上呈现出古语中的"将不知兵、兵不知将"之现实图景。如此种种,会造成一个结果,即基层党组织的实际运行效果不佳,乡村振兴的实践成效难以保障。

正是基于上述实践,江苏省张家港市以聚居社区为基本治理单位,创新设立了聚居社区的基层党支部,明晰了乡村场域空间中的基层社区党支部与党员的关系,使得乡村场域空间中的基层社区组织工作得以有效地正常运转。依据差异性社区,具体来看:

以A小区为例,A小区居民中有80名党员,因故设立了A小区的临时性党支部,并制定颁布实施了《A小区临时党支部党员管理办法》。对此还特殊说明:除去本小区的原籍党员以外,如若其他小区的党员群体愿意,可以把其党组织关系转移到现居住安置点的临时性党支部,并根据组织关系的"属地管理原则"将其个体党组织关系纳入临时性党支部进行有效管理,而对于已转移安置点的党员则具体实行了"党员报到、双重管理"的制度安排。

通过地方性实践"支部进小区"的党建创新工作方法,在自治单位——小区的内部成立临时性的党支部,并选派街道办(乡镇)干部担任临时性党支部的支部书记,临时性党支部内的其他4名支部委员则由属地社区党员召开大会选举产生。临时性党支部所选举出的支部党员,既可以选择参与原先党支部的各项活动,亦可以参加本小区临时性党支部所组织的活动,以便于能够促成支部委员的"双轨制运行"及"双轨制管理",以期能在最大程度上发挥出支部委员群体的先锋作用与带头服务能力。

基于上述分析可知,江苏省张家港市所设立的两种模式——新型社区单元和院落单元,都在一定程度上是原先自治单元的解构,进一步实现了对乡村场域空间中自治单元的重塑。当然此种行动之中最为重要的是通过社区党支部和院落党支部的组织嵌入,有机地重构了基层党组织网络的结构网络,最终借助基层党组织网络,进一步重塑乡村振兴实践的多重网络关系,有助于牢牢抓住乡村振兴的组织抓手。

从基层统合视角来看,既有文献中相关研究已然充分证实了三种统合路径:党社协商、组织嵌入及政治吸纳。江苏省张家港市所践行的重塑纵向治理网络,从本质上来看,其显现为一种"自上而下的组织嵌入"逻辑,从而极大地增强了基层党组织对新型治理单元(聚居社区和散居院落)的纵向统合效应,在某种意义上促进并实现了基层党组织的深度下沉,更为具体的是对"政治连带性网络"的下沉。与此同时,对于治理网络关系的强度而言,基层党组织与下级党支部的互动行动所构建的纵向治理网络则恰恰映射出一种"政治连带性网络",且这一治理网络具有较强的连带性效应。

(二)以政治吸纳促成横向治理网络的扩张

在江苏省张家港市,随着社会经济的蓬勃发展,尤其是个体农民的经济收入不断增长,社会性需求自然需要与之伴生增长,其结果是为乡村文化发展提供助力,乡村场域空间中的社会组织亦会持续增长。与此同时,因三权分置制度变革所带来的创新效应,无疑会为新型农业经营主体的充实和发展提供新动力。换句话说,新经济组织与新社会组织的大量产生和涌现在给乡村振兴注入鲜活的生命力,与此同时也对乡村治理提出了更高的目标与要求。在此情况下,江苏省张家港市充分依托乡村场域空间中的基层党组织所内嵌的政治吸纳效应,从而最大可能地盘活了"两新"组织的政治性关联,以便于对新型农业经营主体实现全方位的立体式覆盖,其目的在于有力地扩大了横向维度上的基层治理网络。同时,对于众多的新型农业经营主体而言,其还创新性地构建了区域的综合性党建模式,其内在逻辑主要是在基层党组织嵌入、吸纳骨干党员及更为重要的是施行基层党员弹性化管理策略。

首先,根据"大园区、大党委、大党建、大发展、大产业"的总体思路,将基层党组织嵌入地区的产业发展之中,在产业经济园区设立基层产业党委,在农民专业合作社中设立基层党支部,通过对产业园区内的实体经济进行政策引领与扶持,从而加速当地农业相关产业的转型与升级。例如,天马镇的建华社区就召集了5家葡萄、3家草莓、2家蓝莓、2家蜡梅种植专业合作社的10名党员、种植户代表和产业工人,召开了永兴葡萄合作社党支部成立大会。该社区通过形塑产业型党支部,将分散在各社区、各协会中的精英党员群体凝聚起来,在提升党员向心力与能力的同时,也引领了社区经济的转型与发展。同时,该社区还从产业协会中吸收了带富、致富能力强的精英骨干,并将其发展为党员,从而壮大了产业协会的党员队伍,提高了产业协会党支部的引领能力。并且该社区还积极引导协会党支部与党员群体建言献策与服务农民,从而增强了党员协会的凝聚力,提高了党员队伍的能力。

其次,强化社区内的组织培育与发展。一方面,要重点孵化和培育具有本地化优势的专业化乡村社会组织。客观坚持公开透明、分类培育、绩效考核导向的培育方式,重点培育和帮助对乡村社会影响力大、对乡村社会生产与生活需求度高,并且能在某些领域能够最大限度发挥出重要积极作用的专业化乡村社会组织。另一方面,要大力鼓励和引导依法成立志愿服务群体所构建的乡村社会组织。当然此种乡村社会组织仍然是要以乡村党员群体为骨干力量、以基层群众为基础力量,尽可能地发挥出乡村党员群体的先锋示范效应,乡村最广泛人民群众的积极参与,以便于能够依托其所构建的乡村社会组织为乡村振兴提供助力。此外,还应让基层政府与基层党委加大财政投入,引进相关专业化的社会组织,强调技术下乡的经验指导,从而最大程度地提升乡村社会组织的孵化和培育能力。

最后,在降低社会组织依法备案门槛的同时,还要鼓励乡村最广泛的人民群众能够依据自身的多元化需求,在自愿、自主的基础之上,以协商、合作等行动方式,建立承接产业发展、行业商会、公益慈善、社区服务等多元化服务的社会组织,从而有助于拓宽乡村最广泛人民群众参与乡村振兴战略在地化实践的渠道。与此同时,在此过程中要保障充足且持续的乡村经费与资源的有效供给。那么对于部分乡村社会组织发展较为艰难的地区,基层政府与基层党委要为其提供专项的社会组织发展资金,乡村社会组织购买相关部分乡村公共服务项目。

基于上述所有分析,为了能够长效支持与引导乡村社会组织助力乡村振兴实践,基层党组织还要大力为其提供相应的行动场地。例如,以乡村文化类社会组织,江苏省张家港市就通过将基层党组织与乡村文化组织相结合,进而得以引导其积极有序参与乡村振兴的在地化实践,同时还积极培育乡村文化组织以期能够形塑和提升乡村整体性文化氛围。具体来看:

第一,部分地区组织并设立了乡村文化组织的党支部,通过"组织化"行动过程,使得既定范围内的党员群体有了运转平台,以便党员同志能够依靠组织载体。为大力倡导和充分发挥乡村文化组织在乡村振兴中的有效参与作用,天马镇组织和设立了天马民间文艺联谊协会的党支部,其下设4个党小组,并依托于乡村文化协会的基层党支部建设,有效吸纳了民间文艺爱好者近150人，其中党员群体有38人。正是得益于乡村文化协会中的党组织建设，使得该区域的乡村文化振兴成效明显。

第二，该党支部成立之后紧密围绕相关党委和政府的中心工作，将文化引领与宣传工作贯彻到产业发展、社会治理、公共服务、乡村旅游、全面从严治党、依法治镇的整个过程。同时，还在各个散居院落、农集区、社区举办了200多场巡演活动，持续扩大影响力与覆盖面，打造当地的文化品牌，以文化的形式传播国家的治理理念与地方的治理政策，实现"以文化人"的基层治理创新。

第三，柳街镇基于当地村民的喜好，在社区内设立了多支文化小组，并通过组织社区活动，培育了323名文化活动的积极分子。此外，蒲阳镇也在社区建立了多支合唱队、老年协会、舞蹈队等不同的文化组织，激发了当地军民的参与热情。而仙鹤社区则成立了8支院文化小队，院落内部经常欢声笑语，观看和表演文化活动成为当地村民的新喜好。

基于统合策略而言，对于诸多新型农业经营主体采取政治吸纳与组织嵌入的方式是一种横向层面的统合，推进了政治连带网络的拓展；而对农村社会组织采取的政治吸纳方式，则推进了基层党组织对于社会组织的全面覆盖，是一种横向的统合；而对农村文化组织采取的党组织嵌入方式，并通过中间组织的枢纽作用进行政治吸纳的统合方式，其目的在于实现基层党组织对于农村文化组织的全面覆盖，这是一种横向统合，能够促进政治连带网络的拓展。基于治理网络强度而言，由于合作社党支部和产业党委与上级党委是上下级关系，而被吸纳入党的经济组织的骨干成员与所属党支部之间是一种制度化的党组织关系。因此，新型农业经营主体之间具有较强的政治连带功能，其治理网络的强度也较高；而基层党组织与社会组织的关系并未形成上下级关系或是制度化关系，与农村社会组织的政治连带较弱，治理网络强度较为适中。

(三)以党的引领创新激活乡村协商治理的行动机制

江苏省张家港市所设立和构建的双层协商制度平台本质上仍然植根于乡村振兴实践的内生创新制度。以制度经济学视角观之,依托于制度创生与发展的历程,其演变阶段可被划分为"内部生成、制度扩散与推广、制度化与规范化"三阶段。

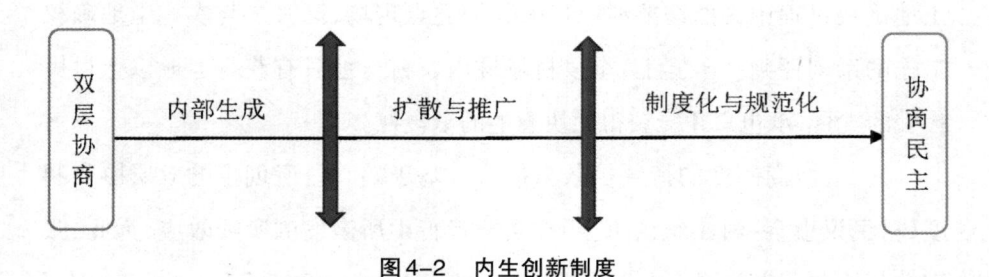

图4-2 内生创新制度

其一,双层协商组织制度平台的内部生成与再生产。但是随着农村产权制度改革的不断深入,乡村场域空间的社会矛盾与社会纠纷不断诱发,尤其是农村土地制度改革中的宅基地等历史遗留问题较为凸显。如上种种,在某种意义上加剧了乡村治理中的不确定性、复杂性。基于此情况背景,鹤鸣村的产权制度变革由此开始创生,尤其是从内部视角创生了农村协商制度,希冀于多元主体的内部协商,以此来实现对农村产权制度改革难题的破局。该村第七小组创造性地结合了小组议事会的基层协商行动,成为农村土地产权改革的试点小组。由于农村土地确权过程中主体间利益纠葛问题相互伴生,为此,村民总希望有代表进驻并参与到农村土地确权工作之中。基于此,由村民小组在多户(10—15户)中选出1名村民代表,一共4位村党代表。农村土地确权登记的参与人主要有工作组、村民小组长、户主代表。

在上述行动中,多户主的村民代表往往会因事务联系而时常集中协商。这就是最初"小组议事会"的雏形之源。基于该小组的议事会成效明显,该村的其他村民小组相继学习与架构了村小组议事会。总之,有村小组议事会逐步发展并形成稳定的"村民议事会"制度。与之相对应,在行政村层面,围绕着"村民议事会"的协商工作议事制度,逐渐由最初的农村土地确权工作到乡村振兴的其他治理事务。从这一行动中可得知,以往工作模式下的农村土地确权工作已然从村委会主导转向村民代表所建构的议事会手中。当然在此之中,由于村庄内部总会存有"争议土地"的归属问题,那么在农村土地确权过程中必然需要村民代表长期驻点现场,同时参与农村土地确权工作的系列评判。事实上,全乡村场域内农村土地只有获得七成以上村民代表的支持,承包户才能获得此块土地的承包权。

其二,协商制度的持续扩散与推广。基于鹤鸣村所创生的双层协商制度(村民议事会-村小组议事会)在实践运行中所激发的实践效应,为此,张家港开始在全市范围内大力推广这一种基于"小组议事会"和"村民议事会"的双层协商制度。正是制度创新的实践逻辑,进而得以学习与扩散。根据笔者的统计与调查,张家港市先后在辖区内的191个行政村中组建"村民议事会",总共发展了村民议事会成员5200余名,村小组议事会成员20000余名,其中议事会成员超过2000名,比例约有45%,村两委干部为790余人,仅仅占了15%。正是基于双层协商议事会的制度创新与制度扩散,此后一大批村庄既解决农村土地确权实践工作中的诸多困境,还将议事会制度移植到乡村全面振兴战略在地化的具体实践之中。

其三,协商制度形塑出制度化与规范化。伴随着双层协商制度在张家港市全面推进与广泛实践,由于差异化村庄,以及自身资源禀赋的异质性效应更为强烈。这一前提因素进一步造成了村民议事会的行动逻辑差异,同时,又因其村庄内源式积淀形塑出双层协商制度实践的不同形态。基于此,张家港市制定、颁布和实施了《张家港市村民议事会议事规则(试行)》《张家港市村民议事会组织规则(试行)》等一系列政策制度。只有如此,才能有效推动双层协商议事会的制度化与规范化,进而得以进一步规训村民议事会,促成其合理且有效地运行,旨在进一步形塑出村民议事会对乡村振兴的显著性助力效应。

通过对张家港市双层协商议事会的实践调查与政策文本分析,其内在组织架构与治理逻辑可总结为如下几点:第一,从组织结构上来看,在行政村维度上组织并构建村民议事会,并且在议事会内部设置村务监督小组,同时在村小组内部组织并构建村民小组议事会;第二,从人员构成上来看,在村民议事会引入"议事长"一职务,另外在村务监督小组和村民小组议事会引入"召集人"一职务;对于前者而言并不需要选举,可由村党支部书记兼任;对于后者而言可在村务监督小组和村民小组议事会的内部通过选举产生;第三,从权责划分上来看,在村民议事会中主要行使的是村级自治事务的决策权、监督权和议事权;而对于村务监督小组而言,则是行使监督权和建议权。

如上的阐述更多指向了张家港市的双层协商制度的具体实践样态。那么其又是如何在双层协商制度运行过程中显现出党的核心领导作用?审视其逻辑可知:

其一,需要在基层党组织的引领下构建双层协商制度的运行平台。通过调研张家港的具体实践就会发现,"党引民治"的创新实践行动的关键之处在于系统构建了双层协商制度的运行平台,这一行动实践往往是在各乡镇党委的组织与引领下推动和实施的。

其二,重塑制度保障效应,力图能够最大程度地夯实基层党组织在双层协商平台的领导地位。通过构建和重塑制度文本与制度设置,力求能够强调党的领导在双层协商组织的领导性地位,以促其最大限度地助力乡村全面振兴的实践行动。

其三,村党支部书记兼任村民议事会的议事长。议事长作为村民议事会的带头人与召集人,其个体本身对于双层协商平台的建立与实际运作都会产生极为重要的影响。村民议事会的议事长并非需要通过选举产生,更为重要的是其本身是直接由村党支部书记兼任。如上人员构成逻辑恰恰是在组织层面映射出党组织对于双层协商平台的直接领导。由此可以认为,在基层党组织领导下的双层协商平台能够极大地激发乡村协商的行动活力,以村民议事会与村民小组议事会为核心的双层协商制度为乡村振兴的全面行动提供坚实的助力。另外,在双层协商议事制度实践之后,当地农民群体可以更为有效地参与乡村振兴战略的在地化实践。通过商议过程的透明化、事项商议公开化、事项决议的民主化等多维制度"落地",从而有效化解了行政决策中农民群体对基层组织的公信力困境,重塑基层政府和村级组织的权威形象,乡村社会资本得到了发展和培育,村庄秩序得到了有效重构,无疑将会助力乡村的全面振兴。

第二节 压力型体制、任务指标与基层"政绩锦标赛"

一、乡村主体的逐利交织网络

在20世纪70年代末至80年代初,随着家庭联产承包责任制的全面确立,昭示了中国农业经营制度的结构性变革,原先的"村队基础"建制的人民公社制度在乡村场域空间内被顺势解构,取而代之的是"乡镇政权—村委会—村民小组"的治理结构。伴随着时间的推移和乡村治理实践的需要,在改革开放到20世纪80年代末90年代初形构出"乡政村治"体制。事实上,直到21世纪初的2006年农业税费取消的制度改革后乡村治理模式有可能发生突变。诚如韩鹏云[①]所言,与传统乡土社会时期的"乡村简约主义"和人民公社时期的"乡村统合主义"皆有不同,"乡政村治"体制下的乡村社会呈现出一种"上下分离"之特征,而如上的分离特征诱致了乡村社会场域空间中行动主体间的权力博弈。正是各自主体间的权力博弈,凸显了其主体的本我利益追逐,致使乡村社会主体逐利导向凸显,进一步消极形塑了乡村弱化内虚之秩序。[②]由此,有必要厘清和阐释如上乡村主体在乡村经济转型中的行动网络,见图4-3。

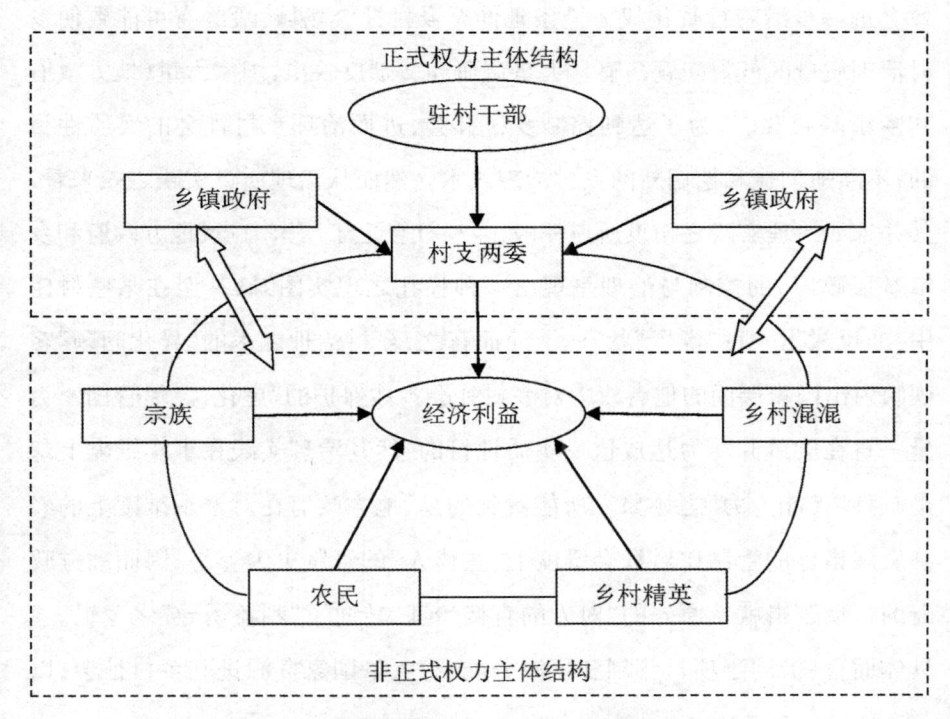

图4-3 经济转型中乡村主体逐利互动交织网络

[①]韩鹏云、刘祖云:《农村基层政治合法性建构与乡村秩序重塑》,《江汉论坛》,2014年第10期。
[②]简小鹰、谢小芹:《"去政治化"与基层治理——基于我国西部农村"混混治村"的地方性表达》,《甘肃社会科学》,2013年第6期。

社会质量、治理有效与乡村振兴

乡镇政府作为行政权力的"末梢",囿于行政部门"条块分割"治理体制的过度化,国家政权进驻乡村的最后触手与其他政权相比较而言,乡镇政府的职能体系呈现出非完整的图景,这与学者的论点相互证实:乡镇与市辖区应该是中国政府中职能最不完整的政府层级了。随着中国1994年分税制改革及2003年农业税费取消等结构性改革的不断进行,乡镇政府诚如学者所认为的"悬浮型政权"特质愈发明显。[1]更为重要一点是乡镇政府财权与事权的极不匹配现象,进一步诱致了乡镇事务治理的低效性。而这种治理低效会进一步沿着行政化权力链条延伸至乡村社会场域,最终有可能致使乡村治理质量的低效问题凸显。大量调研和文献反映出,国家力量(地方政府和乡镇基层政府)为了达到控制乡村社会,进而治理乡村社会的实质性目的,不断地创造和挖掘新的乡村治理之术。然而从治理质量实践之效来看,其并未如治理实践之初衷所愿一般,乡村社会之于国家力量(地方政府和乡镇基层政府)的控制与治理呈现出一种挣扎之现实图景,甚至在某些村庄中,亦反衬出一种"虚置"状态。[2]简而言之,乡村治理之术的"异化问题"客观映射出国家层面的他者权力对乡村社会本体保护的"虚化"。尽管国家力量一直在尝试并尽力达成这一实质性目的,然其治理实践在事实维度上却是一种"无能为力"之迹象。所能看到的是,地方政府在对宏观维度上的经济发展指标的管制比对社会维度上"主体人"的管制更为容易,因而地方政府的行动逻辑就从原先的"对人的直接治理"转向了"利益诱导"之逻辑。[3]具体而言:借助于项目管制和资源分配,将大量国家资源进驻乡村社会,以

---

[1] 周飞舟:《从"汲取型"政权到"悬浮型"政权——税费改革对国家与农民关系之影响》,《社会学研究》,2006年第3期。

[2] 申端锋:《"悬浮型"政权放大村落衰败》,《人民论坛》,2011年第S2期。

[3] 朱战辉:《富人治村与悬浮型村级治理——基于浙东山村的考察》,《中共浙江省委党校学报》,2017年第4期。

期实现对村干部的"收买"。事实上,如上的治理逻辑映射出基层政府以"任务指标"为中心实现治理的经济化,最终希冀于获取乡土社会的群众认同。

在村支两委主体人的应然逻辑来看,党支部与村委会应属于两个独立的乡村权力体系,然其党支部的领导核心地位决定了乡村事务决策、乡村财务开支权、乡村选举提名权被集中在村党支部,最终致使乡村基层民主反而"流于形式"。此外,当下村庄随着国家资源项目、制度安排和供给(精准扶贫、美丽乡村建设)的不断渗透,外部嵌入的"驻村干部帮扶制度"应运而生。压力型体制下各级政府及其干部为了凸显其政绩效益,依托于驻村干部帮扶制度的强制性行政化手段,使得上级政府内部的体制精英下沉至乡村社会。尽管这一制度化供给工具的本意在于让"驻村干部"成为名副其实的"助村干部",有助于促进乡村社会的发展,维护和扩展了乡村社会秩序,缓解国家各类政策在地化实践遭遇的乡土反抗压力。然从实践调研反馈来看,乡村基层党组织及其村干部更愿意固化领导方式,更"听命"于驻村干部,致使驻村干部和乡村基层自治相背离,当然村民自治无法有效落到实处。此外,一方面,囿于急功近利的心理,为了彰显自身驻村干部的政治能力和政绩,"重显绩,轻隐绩",罔顾乡村社会的长远利益与发展。另一方面,"不理乡村和管得太多"的两极化发展的工作态度和模式,诱致了乡村基层事务治理的无序化。由此看出,驻村帮扶制度的在地化实践如若不切乡土社会治理的实际,其不仅无法达到"助村"的效果,还有可能"蛙村",最终会进一步影响乡村治理质量。

如上所分析的即所谓乡村治理中正式权力的主体结构,而在非正式权力体系之外的主体结构又会呈现出何种图景,其内在的行动逻辑又应当如何?由下文来进一步厘清及阐释:

在计划经济体制下的乡村统合主义的大背景下,"政治运动和政党下乡"是那一历史时期的主旋律。乡村社会整体被有机整合并嵌入国家之于乡村治理行动权力体系之中,事实上乡村社会个体亦被"编织"至国家体系的内部。但是随着改革开放进程不断加快,家庭联产承包责任制的全面施行、乡村市场化改革的有序进行、国家力量在乡村社会进一步收缩,乡村权力主体结构被现代性冲击,呈现出"断裂—解构—重构"之往复行动之图景。在此治理行动背景下,乡村社会场域空间内部的社会主体力量亦逐渐呈现出活跃之态。目前长期存在于乡村社会的几股社会主体力量有以下四种。

其一,乡村经济精英。依托于乡村经济精英的乡村行动力,使得其经济资源和外部号召力辐射乡村社会,进一步影响乡村社会权力结构。乡村资源集聚的过程中,作为村庄内部的"富人"——经济精英逐步介入村庄内部的权力追逐圈。[1]大体上,乡村经济精英主要通过村民选举方式嵌入村庄内部的权力关系网络之中,并借助于村庄的逐利性特质,巧妙"转化角色",由"富人"这一角色转化为治村的主导角色。

二是乡村宗族势力。传统乡村社会中村民长期以来聚族而居。一个自然村落本身就是一个甚至多个宗族的村民群体居住的"小社会"。事实上,宗族势力对乡村社会民主政治形构出一种天然性的现实影响机制。尽管在人民公社时期乡村宗族被"乡村国家化和政治化"所消解,甚至在一定程度上可以认为是对宗族的毁灭性破坏,但其根植于乡村文化基础未被消解。在市场经济体制改革后,其外在控制机制在乡村退场使得乡村宗族文化和实力得以勃兴。

三是乡村黑恶势力。在部分中西部地区中存有这部分势力,其以原始的方式如结姻亲、拜把子等联结在一起的地痞、流氓,或者一些个体性的豪横势力,他们对乡村社会民主自治的侵蚀不容忽视。有的学者称之为"灰社

---

[1] 贺雪峰:《富人治村与"双带工程"——以浙江F市农村调查为例》,《中共天津市委党校学报》,2011年第3期。

会"①势力,其对乡村治理的正向促进,抑或负向抑制影响有待考究。在压力型的治理体制下,任务指标的不断激增,乡村黑恶势力作为一种"营利型经济"重新滋生,而乡镇基层政府又需要这部分"灰社会"势力来摆平乡村治理的疑难杂症。②从对赣东北JW镇的实地调研,J村庄(村委会主任HDW是JW镇有名的小黑混,在当选村主任之前主要混混营生,同时还裹挟了赌博等非法行为)在精准扶贫政策方针进驻乡村后其治理比同一辖区内的其他类型村庄治理更高效,但其又似乎违背了乡村治理的民主化自治之应然逻辑。混混治村之于乡镇基层政府而言,其"两难悖论"逐渐凸显。

四是乡村宗教势力。除了邪教组织,一般意义下的宗教势力在近些年的乡村社会开始勃兴。乡村宗教信仰活动之于乡村日常生活有着弥合功效,同时其对村庄内部的传统习俗有着影响,不同宗教文化试图嵌入本村庄内部的知识文化中。③尽管如上的文化嵌入促进了乡村治理质量的提升,但内在的宗教内涵要求的冲突仍然存在于乡村社会之中。换言之,一般意义下,乡村宗教信仰活动有助于乡村社会的有机整合、理顺和扩展乡村生活秩序、形构出乡村社会稳定;往往囿于多元化的宗教文化共存于乡村社会空间,其内在的无序特征亦有可能制约乡村社会的发展。事实上,从对浙西GT村调研发现,如若乡村村民信徒对宗教过于着迷,会失去理性,不太关心乡村事务,甚至对家庭事务置若罔闻。以如上的逻辑观之,随着乡村宗教信仰队伍不断壮大,其之于乡村治理而言的负面影响呈现出递增趋势,所谓的"远忧将大于近虑"正应此景。因此,如何积极引导和再造乡村宗教活动,使

---

① 唐喜政:《黑灰势力对乡村治理的影响及对策——以豫南Y镇为例》,《古今农业》,2013年第3期。

② 师索、杨浩:《新农村建设中农村灰色势力的治理对策探析》,《西南农业大学学报》(社会科学版),2009年第4期。

③ 梁振华、齐顾波:《疾病的宗教性建构:理解农民因病信教的行为和动机——以一个河南乡村基督教会为例》,《中国农业大学学报》(社会科学版),2015年第4期。

其与乡村治理更好地契合,以期消除对乡村治理的不确定风险,是乡村治理的恒久命题,亦是一项长期治理工程。

上述几股行动主体力量形构出本书的"非正式权力的主体结构"。其中,地方性宗族势力、"灰势力"(地痞、混混等),会在以后一段时间成为影响乡村社会治理质量的重要变量之一。为何在此凸显这一点,其缘由在于:

在乡村社会场域空间内,随着现代性的不断深入,传统熟人社会结构受到现代性冲击而被解构,正式权力与非正式权力的主体结构往复交织于乡村社会关系网络之中,在多数情况下正式权力在乡村的实践治理运作又必须契合非正式权力,使得其更"接地气"。在调研中部地区省份江西赣东北的JW镇内有11个行政村(8行政村+3乡村社区)属于强人治村范畴,其村支部书记和村委会主任一般是由村庄内部的大型宗族族人担任,如若一个村内的姓氏宗族规模庞大,镇管干部及村庄选举会考虑到村干部选择搭班子的大姓宗族平衡。

二、积极转型及压力型体制下的"指标"治理

随着农村市场化改革的不断推进,尽管人民公社体制在乡村社会被解构和消解,但乡村基层党政组织的权力结构仍长存于乡村社会之中。只不过是从原先"以阶级斗争为纲"的意识形态转到"以经济建设为中心",基层政治模式莫不是一如既往。事实上,经济转型中的乡村治理仍然兼具了"运动或者说动员"之痕迹,然其治理目标和对象不再像是统合主义下对人的政治运动抑或思想整肃,其更准确地应以"压力型体制"来凝练概括。当然,压力型体制模式具象体现在关于乡村治理任务上下层级政府间的关系。基于任务型组织的审视,压力型体制更能形象地描述和厘清"县政府—乡镇政

府—村委会—村小组"的事权下沉。①由此看出,将经济转型中的乡村治理刻画为"压力治理",其治理逻辑更为形象化。

压力型体制下各层级政府为了实现目标任务的赶超,依据上一级政府的指导方针和任务要求,将任务分解为数量化的管理方式和物质化的衡量标准及评价体系。②换言之,各级政权组织及党委将这些任务和指针,层层数字化量化分解,沿着权力链条将任务指标向下分派,而这种下沉式的任务指标会被责令在规定内完成,最后依据任务的实际完成指标情况在政治和经济维度上进行奖惩。依据对赣东北JW镇的调研发现,D村治理的任务指标的完成情况主要依据村委会的年终考核,实行"一票否决"制(即某一任务年终未达标,考核业绩为零,不给予奖励),近三年主要参考"精准扶贫、三块地流转"的完成情况。由此看出,基层政府尤其是乡村基层政权组织(村委会)正是在如上任务考核和评价体系的压力下实践运行的。在这一压力型体制下,围绕着各项基层政府的"治理指标",压力型指标治理模式进一步催生,逐利的指标性导向愈发明显。由此,依据所调研的实践情况,进行治理模式的提炼,具体如图4-4所示。

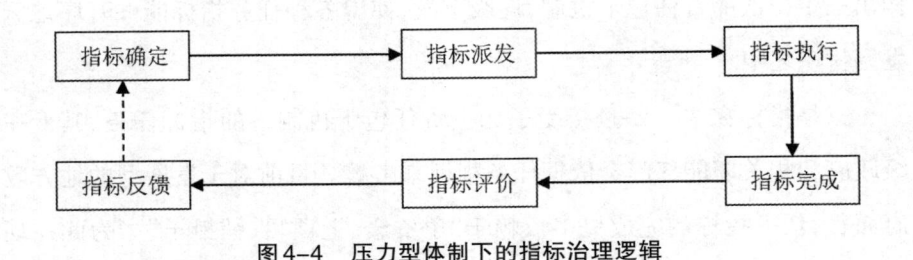

图4-4 压力型体制下的指标治理逻辑

一是指标确定。压力型体制下基层政府所下达的任务一般是以指标形

---

① 荣敬本:《"压力型体制"研究的回顾》,《经济社会体制比较》,2013年第6期。
② 曾凡军:《GDP崇拜、压力型体制与整体性治理研究》,《广西社会科学》,2013年第6期。

167

式下派。通常是由县级政府确定的,依照任务类型和紧迫性分为阶段性指标、常规指标以及固化指标。以治理任务指标的最终法理选择依据主要来自党代会决议、年度政府工作报告,以及主管部门等的分发。在压力型体制下发展逻辑才是实践的硬道理,一般意义下理应与本辖区内的发展情况相吻合,但实践中往往会超脱于这一数字逻辑。任务指标沿着行政层级而逐渐递增,以期在任务完成的预期阶段内实现"赶超"之目的。

二是任务指标派发。责任包干制是地方政府尤其是基层政府派发指标和任务的常规性"制度化"路径,久而久之就形成乡村治理的基层政权完成指标的重要保障机制。由此看出,如上所确认后的行政化任务指标会沿着行政权力延伸至乡村社会场域空间内部,更为重要的是要逐级通过各层级地方政府的责任包干制形式向下派发。通过观察发现,其乡村事务,诸如"三块地流转、精准扶贫、新农保"一般是由县级政府协同相关职能部门与镇党委、政府、职能部门签订责任书,此为第一层次责任制。第二层次责任制则是由各个乡镇政府及职能办公室人员与下辖区各个村委会的负责人签订。第三层次责任制则由村委会负责人和村民小组长签订。如此往复,形构出三个层次的责任包干机制,逐级下发,使得各种任务指标能够有序地派发到村庄之中。

三是指标完成。一旦接受了如上责任包干机制下的指标任务,其上一级政府和相关职能部门会依据任务指标来考核。目前对于发展型的地方政府而言,任务指标的完成更多依赖于"争资金、上项目、铺摊子"。为此在现实治理实践中,上一级会依据任务要求强化对下一级政权组织的联系,以资金和项目的形式来"收买"下一级政权组织,以更为及时地完成其任务。[①]与

[①] 耿帮才、聂军:《"不被淘汰":县域治理中政府主官行为的底线逻辑》,《云南行政学院学报》,2017年第5期。

此同时,那部分善于捕捉任务信息,果断把握机遇,勤于向县级层面跑的村庄更容易在合理时间阶段内完成指标任务。

四是指标完成后的评价。依据任务指标的完成情况,本级组织部门对本级主管干部和下一级政府进行年度考核。事实上,各级政府和职能部门的负责人在述职报告及工作报告上会进行双向互动式的评价。一般意义下评价乡村建设的标准是村庄项目、经费数量、财政资金使用情况及各种公共服务指标的增长情况等,进而依据上述指标标准对相关单位及其负责人予以表彰和奖惩。以浙西地区SZ镇GT村的调研来看,从其"美丽乡村"建设的任务指标考核评价实践可以发现:SZ镇对下属的各个村委会关于"美丽乡村"建设的任务主要是运用定性与定量相结合的综合评价方式。定性评价主要集中在美丽乡村的方向性指导,而量化评价维度则关注在初期预设的基本指标及重要指标。如上的治理行动逻辑已然表征出了其评价过程的目标性引领效应,同时还明确了浙江省对"美丽乡村建设"在地化实践上的总体方向,集中表征出在建设和落实"美丽乡村"建设要求上的"最大公约数"(The greatest common divisor)。

第五章 实现乡村全面振兴的有效机制

唯物辩证理论认为所有事物都是处于不断变化发展当中,也就是说任何事物都不是一成不变的,是动态的、非静止的,是变化发展过程的集合。事物在变化发展时不是独立进行的,是要依靠发展动力来运转的。乡村振兴实际上要做的就是要综合各种资源来共同推动农村地区的经济、社会、文化繁荣发展,包括农村内外部的各种资源。其中,内部资源又叫作农村内生动力,是指来源于农村内部的优势条件和活动因素对农村的影响力;外部资源又称为外源动力,是指来源于农村外部的各种有利条件和活动因素对乡村振兴的发展动力。要实现中华民族伟大复兴,离不开乡村振兴,离不开农村社会经济文化的繁荣发展,因此就需要内生动力和外源动力的双重努力,将两种推动力有效结合,实现效益最大化。为此,需要对两种动力进行不断挖掘和分析,深入探究两种推动力之间的关系,尤其是其对全面实现乡村振兴的现实价值与理论研究意义。

第五章　实现乡村全面振兴的有效机制

第一节　外源动力机制

　　乡村振兴不仅需要内生动力,也需要外部推动力的作用,并且外部推动力在促进农村发展的进程中是极为重要的一环。马克思主义理论研究中曾提到,农村想要获得全面发展,就离不开全社会的外部推动力,尤其是需要社会为乡村发展提供必要的生产发展资源,如资金支持、项目支持、人力支持和技术支持,国家也应设置优惠政策吸引城市向农村进驻,这些强有力的外部推动力可以为农村经济、社会、文化的繁荣发展提供源源不断的能量。习近平在十八届中共中央政治局第二十二次集体学习时的讲话中谈道:"推进城乡一体化发展是大势所趋,也是我国国情的必然要求,需要将工业、农业、城市、农村进行统筹规划,重点是要形成以工促农、以城带乡、工农互惠、城乡一体的新型工农城乡关系,吸引大量城市资金、技术和人才向农村流动和倾斜,实现城乡发展均衡化、融合化。"乡村振兴、农村繁荣发展是全国的大事,离不开外部推动力的促进。目前来看,我国的大部分农村区域尚在"营养不良"中徘徊,需要大量"营养剂"来茁壮成长,通过外部"投喂"的方式可以极大程度上改变农村"营养不良"的现状。外部推动力对于农村繁荣发展,尤其是对实现乡村全面振兴的积极作用可以表现为如下四个层次。

　　其一,直接推动经济发展。这是外部推动力对于农村发展的直接作用。放眼世界,我们不得不承认我国农村发展的进度水平是远低于发达国家和地区的;全国发展水平来看,农村地区的发展也是不如城市发展的,所以综合来看,外部推动力所带来的资金、技术和人才等资源能够直接为农村地区提高经济发展水平,是农村全面繁荣发展的重要一环。

　　其二,补齐短板。农村地区的原生资源相对于现代经济发展来说是远远不够的,所以通过外部推动力的输入,包括资金、技术和人才及政府政策支持这些条件能够很大程度上改善农村地区原有资源匮乏的情况,也能调动农村人口回流,共同将现代发展的短板补齐,实现乡村振兴。

其三,加速振兴与发展。通过将外部推动的各种资源引入农村,可以对农村经济社会发展起到催化反应,将新进来的资源和农村本身的资源结合在一起,产生1+1大于2的功效。

其四,正确引导。外部推动力的进驻并不是毫无目的的直接赠予,而是要正确引导农村地区向正确的方向发展。引导作用不仅体现在直接决定农村种植哪些经济作物或发展什么样的经济道路方面,还会体现在农村特色道路引导上,即以农村资源为主导,通过外部推动力加强对自身资源及传统文化的包装,走一条体现本地特色的社会主义农村新道路。基于以上四个方面的作用,我们可以看到外部推动力对乡村振兴的发展是极其重要的,因此要积极培育和引导外部资源对农村的注入。

一、政策嵌入:促成乡村振兴的政策保障机制

政策是国家政权机关、政党组织和其他社会政治集团为了实现自己所代表的阶级、阶层的利益与意志,以权威形式标准化地规定在一定的时间段内,应该达到的奋斗目标、遵循的行动原则、完成的明确任务、实行的工作方式、采取的一般步骤和具体措施。要正确运用政策手段,实现乡村振兴,从中国共产党发展的历史中可以得出"政策和策略是党的生命"的结论,这是百余年来中国共产党发展的宝贵经验。政策的制定必须听取广大人民群众的真实意见,要实现人民群众对美好生活的向往,同时还必须将这些政策落实到底。让人民群众真真切切地感受到政策的好处,才会更加拥护党和政府。因此,一个好的政策可以充分调动全国人民的积极性,共同参与到社会

主义国家的建设当中,为实现中华民族伟大复兴的中国梦而努力。中国共产党自始至终都十分关切中国"三农"问题,新中国成立以来"三农"问题得到了党和政府的高度重视,也为农村发展落实了很多优质政策,农村的社会生活已经发生了巨变,向着美好生活的方向在前进。当前我国的乡村振兴战略是最能保障农民利益的重大决策,这离不开党和政府的政策支持和保障。

(一)为乡村振兴提供坚实的政治保障

政策的基本功能包括管制功能、调控功能和引导功能,一项好的政策可以获得人民的信任,是一种可靠的政治保障。社会经济要发展离不开政策的支持,政策出台还需要做好落地保障,才能真正地发挥出政策的作用。我国早已实行利民的"三农"政策,在此基础上实现乡村振兴则需政策先行。在制定政策前,务必做好调研工作,要从农村发展的切实需要出发,要真正做到保障广大农民的利益,同时还要符合马克思主义客观发展规律,因此一项好的政策的出台一定要兼顾必要性和可行性,才能够成为乡村振兴的有力政治保障。习近平指出,党员干部在工作中切"不可开口头支票",切"不可吊农民胃口",各级党委和各级人民政府在进行政策调研时,要深入基层,不能只在纸上调研,要到田间地头去,真正感受当地农村的风土人情,亲眼所见地理环境与民俗文化,亲耳听到人民的真实声音,才能保证制定的政策是广大农民最需要的,最能解决问题的。只有通过这样实实在在的调研才能保证党的方针政策可以助力乡村振兴,才能使广大农民可以继续信任中国共产党和人民政府,充分调动广大农民的积极性、主动性和创造性,投身到社会主义新农村的建设当中。

(二)确保不再出现乡村振兴"政策短板"

邓小平曾说过,农业发展主要依靠两个支撑——政策和科学。历史证明,其实"三农"问题都需要好的政策支撑,强有力的政治保障。从我国改革开放40多年的发展经验中可以看出,我国一直以来都对"三农"发展极为关注,制定了相当多的惠农政策,比如村镇企业发展优惠政策、废除农业税政策、稳定土地经营管理制度、农业补贴政策等。这些为广大农民带来实际好处的政策使得农民建设新农村的积极性得到了提高,我国的农村建设取得了一定的成绩。然而我们也应该看到我国农村发展水平同发达国家之间的差距,以及城乡之间的差距,所以需要从多个层面找原因,其中政策制定与落地等多方面都存在需要解决的问题。习近平在2019年12月召开的中央农村工作会议中指出:"没有农业农村现代化,就没有整个国家现代化,实施乡村振兴战略是关系全面建设社会主义现代化国家的全局性、历史性任务。"目前我国在农村发展中的短板还是在于政策制定和落地脱节,通过政策给农村地区"打营养针"是最直接的手段,也是补齐农村短板的有效方法。主要表现在城乡协同发展、农业产业化经营、统筹城乡保险、惠农技术支持等方面的政策,因为这些方面的发展是与广大农民关系最密切的部分,也是实现乡村振兴要改变的核心环节。

(三)强化政策引领乡村振兴的正确道路方向

政策是由党和国家颁布的,代表的是中国特色社会主义发展的方向,高举的是鲜明的中国特色社会主义伟大旗帜,因此政策也就引导了我国的乡村振兴走什么样的道路的关键问题。自新中国成立以来,在全国范围内相继推行了多项符合社会主义核心思想的"三农"政策,我国农业农村发展走的就是社会主义道路,因此现在实行的乡村振兴战略也要建设社会主义新农村。在2017年12月召开的中央农村工作会议中,习近平指出,"实施乡村振兴战略,首先要按规律办事。"我国要"坚持走中国特色乡村振兴之路",因为"在我们这样一个拥有14亿多人口的大国,实现乡村振兴是前无古人、后无来者的伟大创举,没有现成的、可照抄照搬的经验。我国乡村振兴道路怎么走,只能靠我们自己去探索"。因此,农村实现繁荣发展的前进道路和前进方向需要通过政策来引领,这种推动力也就是我们所走的正确道路的具体体现。

二、人才引进:促成乡村振兴的智力支持机制

"发展是第一要务,人才是第一资源,创新是第一动力。"人才对于经济社会发展的推动作用是不言而喻的,农村要实现繁荣发展也离不开人才的支持,人才是实现乡村振兴的中坚力量。我国目前农村建设队伍中存在的普遍现象是技术人才匮乏,乡村振兴需要的人才既要有技术,还要充分地热爱农村和农民,需要有全心全意为人民服务的思想觉悟。为此需要从农村内部和外部两手抓人才,在内部需要就现有工作队伍培育出合格的乡村振兴建设人才;在外部则需要多方面引进人才,从村镇干部到技术人才,从乡村教师到乡村医生,以及企业管理人才,都是乡村振兴所急需的人才。要引进人才就需要有好的政策,凸显乡村情怀,才能吸引各类人才深入广大农村开疆扩土地发挥才能。人才是保证乡村振兴高水平发展的智力保障,也是实现农村繁荣发展的中坚力量。

(一)多方引进人才,为乡村振兴提供智力支持

我国目前农村地区人才结构不合理,人才缺口数量巨大,是制约农村发展的瓶颈问题。2018年中央一号文件指出,乡村振兴的实施离不开人才战

略,需将人才放在重要位置,才能保证农村建设中的管理和技术不脱节,需要不拘一格降人才,培养更多回归土地的人才。目前农村地区人才短缺主要表现为三个方面,第一是人才数量太少,第二是人才结构单一,第三是缺乏专业技术型人才。具体来说,乡村振兴需要引进的人才类别有农村基层行政管理人才、农村建设规划师和设计师、企业经营管理经理、农村电商运营管理人才、农业科学技术技能人才、乡村教师、乡村医生等。这些人才能为农村发展解决实际问题,从农村基层行政建设管理到规划布局,以及农业经济发展和与每一位农民切身利益息息相关的农村公共事业的建设发展起到重要的作用,补足了乡村振兴的智力短板,为广大农村繁荣发展奠定了基础。农村在进行人才引进时,需要以政策为支持,省、市、县各级人民政府要制定完善、有吸引力的、有激励作用的人才下乡政策,打造畅通无阻的下乡渠道,从大学中引进人才,还包括成熟有经验的管理、技术人才,保证每一位下到基层农村的人才都能充分发挥他们的聪明才智。人才下乡是为"营养不良"的农村打得最有价值的"营养针",也是解决制约农村繁荣发展瓶颈问题的良药。

(二)培育"新乡贤文化",吸引"新乡贤"

"苦辛垂二纪,擢第却沾裳。春榜到春晚,一家荣一乡。"建设新农村,需要的是乡村情怀,而对农村最有情怀的无异于家乡人。而在农村当地拥有较高声誉又致力于乡村振兴的成功人士即现在所提倡的"新乡贤"。"新乡贤"通常都具备地方特色,又富有新思想、新精神,通常是取得了一定的成绩,有社会声望和良好道德品质的乡村"能人"。"新乡贤"在当地农村及城市拥有比较大的社会影响力,培育"新乡贤"、吸引"新乡贤"可以为乡村振兴建设注入一剂猛药。"新乡贤"根据自身经历可以分为两个类别:第一种是一直在自己家乡进行创业并取得成功的人士;第二种是在外地求学,后留在求学地创业并取得成功的人士。

　　乡村振兴需要人才支撑，而"新乡贤"战略则需要将第二类在外地取得成功的人士通过一定的政策或情怀因素吸引回家乡，为家乡的繁荣发展作出应有的贡献和帮助。这里所指的成功不只是成功的企业家，只要是能为家乡发展作出贡献的人才都可以被称为"新乡贤"，还比如党政单位的离退休人员、退伍军人、农业技术技能型人才、大学生都可以被称为"新乡贤"。现在很多在城市工作和生活的人们，其实往上看三代人，都可能是生活在农村的，所以绝大部分城市人口是具备非常深厚的乡村情怀的，这也是新乡贤战略的发展基础。"新乡贤"通过他们在外打拼积累的工作经验和社会关系可以为家乡建设增添亮色。在吸引"新乡贤"回归农村时，可以通过挖掘本地的特色民俗和文化，将之与新时代新思想相结合，表明农村已经不是过去的农村了，是有新风貌的，期待家乡人共同建设的农村。这种将本地特色传统文化与新时代相结合的发展策略，也得到了党中央的高度重视和肯定。习近平认为，乡村振兴的建设离不开本乡人的支持，这就需要打出"乡情牌"，要想办法将这张牌打好，就可以充分从社会中、城市中吸引更多的政、企、科研人才，充分调动全社会的下乡热情，彻底打通城市和农村之间沟通交流的渠道，从而实现乡村振兴建设。

　　从国家政策层面或从农村自身层面都积极为吸引人才制定策略，打通渠道，广泛吸收各方面人才的目的都是为乡村振兴建设打下牢固的智力基础，可以用最快的速度解决广大农村地区"营养不良"的问题。最好的状态就是用人才"创造"人才，即通过"人才强国"战略吸引到农村来的各类人才，可以扮演好"师傅"的角色，不仅自己会技术、懂管理，还需要将其掌握的知识传授给农村本地人，从外部推动力为主逐渐转变为自身优势动力发展为主，在这个过程中要给予外来人才充分的信任与空间，使其人尽其才、才尽其用。

三、资本下乡：促成乡村振兴的有效驱动机制

人类历史发展经历了四次工业革命，分别是以蒸汽机时代为标志的第一次工业革命，以电气化时代为标志的第二次工业革命，以信息化时代为标志的第三次工业革命，以智能化时代为标志的第四次工业革命，其中第四次科技革命仍在进行中。综观四个工业革命，每一次除了科学技术的直接作用之外，还有隐藏在背后必不可少的基础，也就是资本的作用。资本是通过不断对外扩张的形式来推动人类社会生活进步的，从蒸汽时代到智能时代，人类的现代化进程就是在资本不断扩张的基础下进行的，通过这些现代工业革命的进展，使得国际秩序得以建立，世界经济发展体系也逐步确立，资本的扩张不断推动全球社会的现代化转型，因此资本向农村地区的注入也会使农村的发展向现代化转变。我国正在推行的乡村振兴战略非常需要资本的注入，这是一股强大的力量，是农村实现繁荣发展的加速器。

（一）国家层面对农村的财政支持：最稳定和有效的支持力

我国广大农村地区的发展滞后于城市发展的一个主要原因是缺少发展资金，这与国家优先发展城市工业的经济发展策略息息相关。鉴于新中国成立初期我国经济社会发展资源匮乏，所以提出了"优先发展城市工业"的经济策略，这也是情势所迫，但也正是由于缺乏稳定有效的国家财政支持，才会导致农村地区发展逐步落后于城市。在国家优先发展城市的经济策略主导下，各地各级政府的财政支持也倾向于城市，所带来的直接后果就是当前我国城市发展相对成熟，但是农村地区发展却比较缓慢。目前，党中央也关注到了这个问题，因为"忽视农村的投资后果是严重的"。现在需要做的是加大对广大农村地区的国家财政支出，迅速解决农村发展的资金短板问

题,真正地从实际出发,迅速推动乡村振兴落到实处。具体来说,财政支持对农村发展的作用表现在以下两个层次。

第一个层次的作用是政府财政支持资金将直接作用于农业生产和流通,带来大量的生产要素,快速推动农业产业化进程;第二个层次的作用表现为财政支持资金会大力建设农村公共事业,比如农村基建、公共卫生体系建设、服务体系建设、教育体系建设等国计民生内容,这些公共事业的快速发展也会不断作用于农村经济的发展,包括通过良好的公共事业来吸引人才、吸引投资等,将外来力量逐步变为农村自身优势动力,形成良好的杠杆作用。

财政支持首先要从地方财政支持入手,鉴于我国东西部地区的发展差距,尤其是西部各省各地区的财政收入和支出也相对受限,所以迫切需要国家出手助力。目前已采用的手段包括国家专项基金资助、东部各省对口援助西部省份和地区、转移支付等,这些筹资方式可以平衡我国东西部发展不平衡的现象,可以实现城市资金向农村反哺,把城市金融资源拉到农村,促进农村繁荣发展。通过政府财政支持的手段,可以稳定、有效地对农村地区进行资金输入。

(二)城市资本下乡:农村繁荣发展注入新活力与新动能

经济发展是社会发展的重要组成部分之一,同理,农村社会发展也离不开农村经济的发展,而农村经济发展长期以来都是落后于城市经济发展的,这不仅是农村社会落后的标志,也是原因。而农村经济发展滞缓的原因,是农村经济发展结构不合理,市场经济存在感较弱。在农村经济发展模式中,通常都是家庭作坊式的经营,由于工商企业数量少,因此无法连成产业发展集群,更不会形成专业化、规模化的现代工商企业发展模式。所以农村经济发展的基础就很薄弱,即使偶然能形成产业,也无法与城市中相对成熟的产业集群相抗衡,无法与其竞争,也就导致了农村企业收益甚微,进一步打击了广大农民经商的积极性。为了解决这个问题,在乡村振兴战略中,要着重发展现代农业,通过资金、人才、技术等手段帮助农村企业建立起与城市经济发展一致的现代产业体系,从生产和经营两方面进行市场化转变,这就离不开城市工商企业资本的支持。具体来说,需要在农村地区建立一个"城市工业园区",将在城市的产业搬到农村,包括办公楼、工厂等各类基础设施,不断强化农村地区经济发展的市场化,将城市资本扩张到农村地区。

经过改革开放40多年的探索,我国农村企业正在逐步变强,这是城市资本向农村扩张的显著表现。城市经济资本的扩张,会为农村经济发展带来先进的生产力,还会带来土地、人才等生产要素,可以刺激农村原有的各类生产资源,将城市外部推动力变为农村自身优势。为了保障城市资本顺利注入农村,各级政府需要制定一系列政策,保障城市资本能在农村大展拳脚,发挥功能,科学合理地利用农村相对富裕的土地资源,为乡村振兴的农村经济发展构筑好基础,健全农村经济发展的第一、第二、第三产业体系,不断促进农村经济的市场化发展。我们要利用城市资本为乡村振兴做实事、做好事,也要谨防资本的吞噬,要从政策角度采取提前预防的手段,坚决抵制资本对农村生态环境的破坏,坚决反抗资本对传统文化的冲击,坚决提防资本对供给平衡的压制,要以保护广大农民的根本利益为前提,要以农村科学合理发展为要义,牢牢把控资本向正确的方向发展。具体来说,城市资本向农村扩张时所租用的土地,必须用以农业发展,坚决不能打着发展农业的幌子私自改变耕地用途,我国18亿亩耕地的红线坚决不能打破,严格监督城市资本对土地的使用情况,杜绝私自盖别墅、盖会所的恶习,也不能将农耕地变为种植经济作物,务必要保证粮食种植用地和产量。

(三)社会资本下乡:让社会资本积极参与乡村振兴的实践

在实现乡村振兴的发展道路中,不仅需要企业资本,还需要全社会的共同奉献和参与。我们要团结一切可以团结的力量,要鼓励一切可以为农村繁荣发展带来好处的资本,也可以适当允许社会组织和企业将城市存在的各类事业复制到农村地区。乡村振兴战略是我国在社会主义新农村建设基础上提出的"升华版"战略,也是实现中华民族伟大复兴的重要组成部分,党和政府是高度重视乡村振兴战略的,也进行了周密的顶层设计和安排,但仅靠党和政府的力量是远远不够的,还需要全社会的各类企事业单位和组织的共同参与,将各类资本从城市投入农村建设中,加速乡村振兴的全面成功。因此,为了让社会资本补齐农村经济发展资本缺口,还需要做好相应的机制保障工作,主要包括三个方面的内容:

第一个方面是要做好政策引导,要有相应的优惠政策来吸引社会资本的注入,同时还需要对这些资本予以底线规定和正确引导,保证资本注入农村起到的是积极作用,而不是激发农民和政府之间的矛盾。

第二个方面是要打通农村与社会资本的联络通道,保证社会资本进入农村地区的速度。

第三个方面是要综合处理社会资本同地方政府、农村政权的关系,三者需要为了乡村振兴这一个目标努力,相互协作。

乡村振兴发展离不开资本的支持,资本扩张可以为农村发展带来各项生产要素,为农村繁荣发展注入新活力,直接帮助广大农民增收,将传统农村推向现代社会发展进程,是乡村振兴最重要的外部推动力。

四、科技参与:促成乡村振兴的有力杠杆机制

现在人类社会是经历了四次工业革命后形成的新世界格局,也是通过工业革命才将人类从落后的小农经济转变为现代化社会的发展,科技是人类发展历史中最不可或缺的前进动力。马克思理论中指出,资本主义历史时期的使命是为人类发展进行物质基础的构建,要为人类的沟通交往创造便利,同时还要激发人类的生产力、创造力,通过对自然的控制产生物质生产。在经历了四次工业革命的人类社会,已经对科学技术的重要作用产生了不可磨灭的信任,因为工业革命大大加快了人类社会的现代化发展,尤其是现在正在经历的第四次工业革命——智力革命,对人类社会的影响是具体到所有人生活的方方面面的,还在继续前行。显而易见的,科技对农村的繁荣发展也是一样重要,将科技成果应用于农村建设可以加快农村现代化进程,我国农业科技对农村经济社会发展的贡献率也超过了57%。但是摆在我们面前的一个真相就是,我国农村的科技水平远远不如发达国家的农村,靠其自身发展,在短期内是不能实现的。所以,向农村进行科技输入,则是改变农村"营养不良"现状的又一剂猛药。我国在推进乡村振兴战略发展过程中,需将科技进农村列为重点项目。

(一)科技下乡:让科学技术参与乡村振兴与农业农村现代化的实践

农村要实现繁荣发展,就必须实现农村经济的繁荣发展,最基本的表现是需要扩大农村产业体量,农业产业兴旺是实现乡村振兴的基本条件。因为农业产业发展可以带动农民就业,促进农民增收,是广大农民能看到的实实在在的好处。农业产业兴旺的主要原因之一是生产效率的提高,生产效

率则需要现代科技的助力,农业产业是农村经济发展的主导产业,在此基础上,要根据不同地区的特色资源和传统文化,打造具备地方特色的第二和第三产业。习近平在关于推动乡村产业振兴的重要论述中提道:"要抓农村新产业新业态,推动农产品加工业优化升级,就需要将科技带入农产品生产、销售的每一个过程,要鼓励广大农村发展环境友好型企业,从文旅康养、农村电商等多角度实现农业产业多样化。"这就需要将科学技术融入农村经济中的第一、第二、第三产业中,多维度实现农村经济的繁荣发展。

在农业生产过程中,要大力开发农业科技。发达国家的农村早已实现农业现代化、机械化发展,而我国的大部分农村地区仍然采用传统的耕作模式,农业生产效率不高,农业科技含量较低,农业生产方式落后。想要提高我国粮食在世界市场中的竞争力,就必须提高农业生产效率,从而提高粮食产量。提高农业生产效率最根本途径还是农业科技的进步,将农业科技成果投入量化生产,并在农业产业的生产、运输、销售各个环节中大量应用,可以让我国的农产品搭乘"科技飞机",飞向全球。因此,农业科技的发展水平直接关乎我国农业产业生产效率、粮食产量和农民收入的问题,因此可以认为,发展好农业科技,才能够有效地解决上述"三低"问题。

在农村第二、三产业发展过程中,也需要现代科技的融入。在党的十九大报告中,曾提出要"促进农业要第一二三产业融合发展"的要求,农村地区在以农业发展为基础的前提下,还需要将第二、三产业融合发展,这是比单纯发展第一产业更能为农民增收、实现乡村振兴的发展渠道。通过将现代科技融入农村第二、三产业中,可以推动其在农村的快速扩散,增加产业体量,是实现农村产业兴旺的关键一环,在推动农村产业集群发展的进程中有重要作用。

(二)现代科技助力"农村基建",为乡村振兴安装腾飞"翅膀"

我国基础设施建设是传统优势,广大农民早已积极参与其中,但是科技助力却没有为农村基础建设发挥应有的作用。所以需要用现代科技助力农村基建,为乡村振兴安装腾飞的"翅膀",主要应当着力于以下两个方面。

首先要将建筑科技融入农村基建中,加强农村基础设施的功能建设,这是制约农村现代化进程的影响因素之一。基础设施建设包括电力建设、水利建设、现代通信网络建设、教育和医疗建设等方面,传统农村小学都是土砖瓦房,而在城市中的小学则是无比精美和现代化综合功能完备,这些强烈的对比无疑都在提醒我国农村的基础设施建设缺乏科技含量,所以农村基建科技含量的提升,也是农村社会综合实力的提升。

其次是要提高广大农民的科技水平。科学技术是人才研发的工具,但是并不局限于科班出身的技术人才,在广大农民、工人队伍中也可以进行科学技术的钻研和发明。同时,新时代的农民不应只是农业生产者,还应掌握农业科技的使用和开发,所以需要对农民进行一定的培训和教育,使其具备现代科技思想,理解科技成果的使用技巧,能够熟练运用科技成果提高农业生产效率。意识可以指导行为,反过来行为也可以影响意识,所以在对农民进行培训时,首先要给他们树立现代科技的意识,在培训过程中要将理论和实践相结合,做到知行合一,才能使其真正掌握现代科技,真正为乡村振兴提供科技助力。

科学技术注入农村,不仅能够为农村经济发展带来先进的生产力,还能够解决产业效率低的问题,可以通过培育人才,将科技外部推动力转变为农村自身优势动力,调动农民的积极性,提高农民的科技水平,所以需要为科学技术的进驻打开绿色通道,健全发展机制,使科学技术真正为乡村振兴插上腾飞的翅膀。

第二节 内生发展机制

　　实现农村的现代振兴需要外部推动力和农村内部自身优势动力相结合。农村振兴全面发展的自身动力是实现乡村全面振兴的内在源泉,也是农村实现可持续繁荣发展的根本。乡村振兴的内部自身动力是由农村内部的各种条件和因素融合而成的重要力量,促进了乡村振兴的全面发展。毛泽东说过:"变化是内因、外因共同作用而引起的;变化可以通过改变内因,也可以通过改变外因而获得。"由此可以看出,任何一个事物的发展总是内外因素共同所致,但是内在因素起到决定作用。实现乡村振兴的基本途径是充分发挥乡村振兴内在动力的优势,探讨出能够实现乡村振兴的关键因素,从而加快实现乡村振兴的脚步。实现农村的全面振兴离不开乡村振兴的内部自身动力的增强。中国已经进入社会主义新发展阶段,矛盾对象已经发生了巨大的转变,人们不仅仅满足于之前所期盼的美好生活,更多的是希望解决发展的不平衡不充分的问题。我国目前社会发展最大的不充分是"西部地区发展不充分,乡村地区发展不充分"的问题,广大农村地区依然处于"营养不良"甚至是"少血"状态,本地区的"造血"能力即自我发展能力比较弱。因此,解决农村地区"营养不良"和"少血"问题的最根本措施是充分发挥农村内部自身动力的优势,贯彻落实到解决农村问题上,促进乡村全面振兴的发展。对于实现乡村振兴的全面发展起到了五个方面的作用。

　　一是建立并加强农村地区的"造血"功能,为实现乡村振兴打下最强有力的保障。采用外部推动力"打营养针",确实在某种程度上达到了我们所预期的效果。但是,其稳定性、安全性和可靠性没有办法得到保障。从某种意义上来讲,要想实现乡村振兴就必须使农村自身的"造血"功能得到保障,要使农村自身的"造血"功能得到保障就要充分发挥农村自身的动力。如此一来,实现乡村的全面振兴指日可待。

二是实现农村的繁荣发展。从某种意义上讲,要想实现乡村振兴就必须实现农村的繁荣发展,如此一来,农村全面振兴就水到渠成了。但农村的繁荣发展是一场持久战,"绝不是脑袋一热、做个白日梦"就可以完成的。要想打赢这场持久战就必须激活农村自身的动力机制的优势和充分调动农村自己的力量,从而形成更加完善的农村内部自身动力机制,只有这样才能使得农村发展更稳定更久远,才能够使得农村繁荣发展有了自己的"蓄水池"。

三是培养农村基层人员的文化素质和提高农村基层人员的团队协作能力,从而使得乡村振兴的综合能力得到强有力的提高。乡村振兴的内部自身动力是全方位、多层次的,主要由乡土人才培养、农村资源禀赋发掘、农村社会治理、农村内部各种体制改革等方面构成。要想在整体上提升乡村振兴的综合能力,需要重点培养农村内部的动力,这对于乡村振兴起到极大的推动作用。

四是展现出农村本土特色,彰显出农村本土特色与其他地方不同的优势。"百里不同风,十里不同俗"这是对于农村地区最好的介绍,不同的农村地区由于生活环境、文化民俗、气候、历史传承、生态文明的不同,表现出了不同的本土特点,形成了不一样的特色优势。同时,也可以根据不同地区本土特色不同的优势,创建地域特色旅游区和打造现代化美丽农村,这样既能将农村本土特色发扬光大,又为充分培养和发挥农村内部自身动力创造了条件。

五是保留乡村振兴的成功经验,为其他农村的振兴提供强有力的帮助。因此可以说,努力激活和培育乡村振兴的内部自身动力在实施乡村振兴战略进程中作出了重大贡献。

一、培育主体:激活乡村振兴的内源机制

人是当前社会的主体,能够促进乡村振兴的全面发展,但实现乡村振兴全面发展的主体却是农民。习近平认为:"要想实现乡村振兴的全面发展就必须靠艰苦奋斗,实现乡村的全面振兴不是做白日梦,你不努力,没有人能够帮得了你。"所以说,关键在于农民。实现乡村全面振兴全面发展的最大受益者是农民,同时,他们也是乡村全面振兴的最大贡献者。我国广大农村地区长期以来发展滞后的最主要原因是广大农民没有完全发挥出自身所蕴含的重大能量,没有充分发挥自身的内部动力。所以,目前最主要的任务是使蕴藏在广大农民中间的巨大力量有效发挥出来,从而促进乡村振兴的发展。

(一)培育和激发乡村振兴主体——农民的主体性

我们应该鼓励并且培养农民强化主体意识,将乡村的全面振兴与广大人民的利益捆绑在一起,这对于实现乡村全面振兴有着巨大的帮助,也可以使农民向着更美好的方向前进,推动全民共同发展,全村共同进步。只有如此,才能有助于厘清其主要目的,即为人民谋幸福、谋发展。制约农村滞后发展的最主要因素是农民自我发展的主体意识淡薄。在近年的精准脱贫工作中,农民主体意识"缺位"体现得非常明显。习近平对这种现象作了深入分析,"许多地方都存在着党员干部不断引导农民发展,但是有些农民却出现了等着党员干部去努力,自己却在旁边袖手旁观。党员干部在不断努力却好像没有办法调动农民的积极性,群众所想的是靠着党员干部的不断努力来实现小康社会,然而自己却并不付出努力"。

近年来,农民自我发展主体意识淡薄主要在于以下方面。一是安于现

状、进取心不强,靠着党员干部实现小康社会,普遍存在着依赖心理;二是看重眼前利益,缺乏发展眼光,谋求长远利益的意识比较淡薄;三是观念保守、视野较狭窄,创新创业的意识和勇气比较缺乏;四是集体意识和大局观念淡薄,大家都只关心自己的利益,只要事情跟自己没关系,就不去管。笔者认为,大家应该树立集体责任感,先关心集体的利益,再考虑自身利益。农村发展长期滞后的原因在于农民自我发展主体意识淡薄,农村内部动力不足。

农民自我发展主体意识淡薄的根本原因体现在以下四个方面。一是农村生产生活设施设备简陋,生产地域限制;二是农村农民知识水平有限,综合能力受限;三是部分农民远离现代文明;四是部分农民主观上抵触新思想、新观念,认为那是不好的一面。这些因素在客观上导致了农民的自我发展主体意识未得到有效培育和正常发展。农民需要振兴农村,做好自己的本职工作,他们才是振兴农村最重要的角色。所以说,农民的主体意识对于乡村振兴事业起到了至关重要的作用,它代表了农民对于振兴农村的积极度。因此,要想实现乡村的全面振兴就要引导并培养农民参与乡村全面振兴的意识。

要想培育农民的这种意识,关键是向农民做好宣传工作并积极引导农民去学习,用先进思想理论来改变农民的想法,从而使得国家的好政策能够及时被农民所熟知。当人民群众学会了科学文化知识之后,这就会转变为他们自己的东西,然后他们就会利用所学到的东西创造出更高的价值。从某种意义上讲,农民参与乡村振兴的主体意识会经过不断地变化,最终成为推动乡村振兴的关键因素。可以通过培养农民参与乡村振兴的意识,促进乡村全面振兴,使得乡村振兴更加全面快速地发展,使广大农民实现由"要我振兴"向"我要振兴"的转变,激发农民对实现乡村全面振兴的迫切感和满足感,以此来充分调动人民群众的积极性。充分调动人民群众的积极主动性,也可以认为是把自身一点点力量贡献出来收获了大家的强大凝聚力,从而推动乡村全面振兴的发展。因此,激活乡村振兴内部自身动力的关键在于农民参与乡村振兴的主体意识。

(二)技术培训与技能学习:增强主体参与乡村振兴的自我发展能力

积极鼓励农民增强自我发展能力,这对于实现农民的自我发展等具有重要意义。农民是土地的主人,也是乡村振兴全面发展的未来接班人,其实力不容小觑,农民的自我发展能力更是直接影响到乡村振兴发展的进程。长期以来,农村地区一直发展较为缓慢,究其根本原因在于农民的自我发展能力的弱质性。这种弱质性主要体现在以下三个方面:一是大部分农民掌握的农村产业(特别是农业)生产的专业知识较为淡薄,现代化设备生产技能较弱,生产能力不高,生产水平低下;二是部分农民受教育程度较低,未充分掌握现代科学技术知识,未能运用现代化科技成果建设美丽农村,产业能力不足;三是法律意识淡薄、权利观念缺乏,不知如何实现发家致富,抑制了自我能力的发展。

农民自我发展的能力具有弱质性,这与自我发展意识淡薄具有非常紧密的联系,主要体现在:农民自我发展能力较弱弱化了自我发展的主体意识,自我发展主体意识的淡薄削弱了自我发展能力的培育力度。所以,我们应该鼓励广大农民树立乡村全面振兴发展的意识,培养广大农民群众参加乡村振兴全面发展的能力,从而达到促进乡村振兴全面发展的目的。从广大农民认识到"要我振兴",到让广大农民认识到"我能够为乡村振兴做什么"以此来增强广大农民参与乡村振兴的自我发展能力,主要可以从以下三个方面入手。

其一,为了提高广大农民从事乡村产业(特别是农业)的专业生产能力和综合生产能力,需要组建一支热爱农业、懂专业技术的人员队伍来加强对农民的技能培训。加强专业化的技能推进乡村振兴,首先要推进乡村的产业振兴。而在乡村振兴进程中,加快推进农业农村现代化既要强化和巩固第一产业即农业的基础性、主导性地位不动摇,又要创造良好的条件发展乡村的第二、第三产业,还需要在三个产业的融合发展上下真功夫。那么,要想提高广大农民的专业生产能力和综合生产能力,不仅要做到以上方面,更得在农业上引进科技,使农村产业有更高层面的发展。马克思主义理论中讲道,"必须通过相应的教学或者培训,才能改变一般人的性情,使其掌握一种劳动技能或者技巧,成为经济发展所需要的专业劳动力"。而在乡村产业发展中引进先进科技,加强技能培训是提高农民专业生产能力和综合生产能力的基本途径。

其二,为了提升广大农民运用现代科技成果发展乡村产业的能力,需要每一位农民来强化科学技术知识,普及教育。科学技术是第一生产力,只有掌握了强大的科学技术,才能对乡村产业发展具有重要的推动作用。在这个快速发展的时代,必须加强广大农民科学技术知识普及教育,才可以实现人在思想上的认知、超前的观念、专业技能以及综合素质上的协同而又全面的发展,这样才能为推动产业振兴提供强有力的保障。既有研究表明了农业个体传统观念对产业振兴的影响极深,若想实现科技化农业产业时代,必须强化科学技术知识普及教育。此外,在我国长期发展以来,各个地区都加强对农村发展基础性教育,并大力派遣工作人员开展科技下乡造福百姓等活动。总的来说,我国大多数农民的科学知识及素养与世界上各个发达国家相比还有很长的路要走。并且大多数农民自我发展能力比较弱的重要原因是掌握的科学技术知识比较少,难以将先进的现代科技成果直接运用于乡村产业发展。因此,要转变这一困局,必须强化科学技术知识教育,使农民能够充分掌握现代科学技术成果,并快速运用到乡村产业发展过程中。

其三,为了增强农民的权利意识和法治观念及正确提升自我发展能力,更应该使农民加强法制知识的普及教育。目前由于经济发展的不平衡及传统文化的影响,广大农民仍然存在法治观念与现代法治观念不和谐的现象。通向致富的道路多种多样,既有合法的,也有非法的。随着经济的发展和人民生活水平的不断提高,农民群众干部的法律意识及权利意识得到了提高。但由于经济发展的不平衡及传统法治文化深厚,还有不少农民权利意识淡薄、法治观念缺乏,在实现自我发展时潜在地存在着超越法定权利规定的范围而步入歧途的风险,这对实现农民自我发展能力的正常发展十分不利。

因此,在乡村振兴进程中,不仅要培养农民的技能和加强科学技术普及教育,还要采取措施强化法制知识教育,增强农民权利意识和法治观念,使他们实现自我发展的同时,也能在参与乡村振兴进程中不断地增强自我发展能力,为走向乡村振兴道路的正轨提供保障。总之,广大农民是推动乡村振兴快速发展的主要力量,而农民自我发展潜力的增强,将直接关系到乡村振兴事业的成败,若增强和提升广大农民的自我发展潜力,将为推进乡村振兴提供了源源不断的动力。

(三)培养本土人才:让乡村创新创业人才充分发挥引擎作用

就业是民生之本,创业是发展之源。但长期以来,乡村人才为了得到更好的资源,以进城求学、创业、就业等方式单向流入城市,从而形成城市人才资源远远超过乡村的不平衡局面。形成了城市的发展越来越壮大,农村的发展远远落后于城市,这也说明了人才资源对促进乡村发展极其重要的因素。要想改变现状必须推进乡村振兴,必须在广大乡村地区壮大人才队伍,填补农村人才的缺陷。为了防止农村人才的流失,除了采取各种举措大力引进人才之外,还必须在广大乡村地区发掘、培养本土人才,以增强乡村振兴的"造血"功能。乡村振兴首先表现为乡村产业的振兴,要想实现乡村产业振兴,必须引进本土人才并加以培养。培育创新意识、创业能力才是实现乡村产业振兴的关键。从乡村本土成长起来的创新创业人才,一般具有以下三个优势。

一是乡村本土人才对本村本地雄厚资源、传统历史先天条件、价值观念、生活习俗、居民构成、产业发展、市场需求等实际情况了解得比较清楚,能够利用现有的优势加以创意、科技和资源的整合融入农业当中迅速为乡村产业发展准确定位、定标和定法。

二是对于如何推动本村本地农村事业快速发展并实现振兴的愿望非常迫切,可以在很大程度上调动广大农民发展乡村产业的主动性、积极性和创造性。

三是乡村本土人才具有丰富的人脉资源和社会关系,可以在本村本地快速调动各种资源来促进乡村产业的发展,达到壮大乡村产业的目的。

加强培育乡村本土创新创业人才队伍的建设,一方面,不仅可以推动乡村振兴积蓄人才,还可以利用现有资源为自己的家乡添一笔色彩;另一方面,率先在广大乡村地区培育一批致富小能手和创新创业能人,为乡村繁荣发展打下坚实基础。通过培育乡村本土的创新创业人才,可以在客观上起到一定的引擎作用,带动乡村其他农民加入创新创业队伍,更能加快乡村振兴的脚步。鼓励并培育乡村本土的创新创业人才,从而产生引领、示范、激励、刺激、推广的作用,可以激励亿万农民从事创新创业,进而汇聚成推动乡村振兴的磅礴力量。这种磅礴之力是乡村振兴内生动力的具体表现。

总的来说,农民是推进乡村振兴的真正主体,是培育乡村振兴动力的内在源泉。广大农民不管是在农业现代化还是身处致富路上,他们的脸上拥有了幸福的笑容,这才是乡村振兴的重心。顾名思义,广大农民是一座"富矿",想要让这座"富矿"的内在能量及潜能充分发挥出来并使其成为推动乡村振兴的动力之源,必须把蕴藏在广大农民身上的潜能挖掘出来,并增强广大主体意识和自我发展能力及培育乡村本土的创新创业人才,这才是推动乡村振兴发展的根本途径。通过激活和培育潜藏在广大农民中间的内在能量,将为推进乡村振兴提供重要动能。

二、发掘资源:发挥乡村振兴的优势机制

每个乡村都有自己的风俗习惯,正应了"十里不同风,百里不同俗"。而这也是乡村的特色和优势。这种特色和优势是乡村生生不息的根脉,也是推动乡村不断向前发展的基础。各个乡村所具有的各种特色和优势,在乡村发展的历史长河中,经过岁月的洗礼及农民们对它的保护,逐渐形成了各具特色、各有差异的雄厚乡村资源。由于各个乡村资源禀赋迥异,其发展振兴道路就各不相同。要想推动乡村振兴发展,必须了解各个乡村的资源力量及发展的动力性因素,如物种资源、天然水资源、气候条件、生态环境资源、地貌形态、区位优势、历史文化底蕴、民族风俗、产业基础、政策制度等,这是培育推动乡村振兴的重要铺垫。"乡村振兴要靠人才、靠资源",乡村自身所拥有的资源禀赋则是推动乡村振兴的基石所在,对它资源的创新发展,也是推动乡村振兴的所在因素。

于此,在现代推进乡村振兴,不仅需要大力引入外来资源,更需要充分发掘乡村本土资源,培养本土创新创业人才,使乡村本土内在性因素的能量充分发挥出来,进而可以汇成推动乡村振兴的巨大能量。大致来看,乡村的资源禀赋可分为自然资源禀赋和社会资源禀赋,而这两种资源禀赋所潜藏的动力性因素对推进乡村振兴所起的作用是不尽相同的。

(一)发掘乡村自然资源禀赋的动力性因素

农村地区的自然资源包括生态环境资源、矿产资源、物种多样性资源、天然水资源、气候资源、地形地貌、土地利用资源、区位优势等,这些资源不

仅使乡村的发展得到了保障,而且还能在创新创业人才的带领下推动乡村振兴发展。但是不可否认的是,许多资源并未得到有效开发和利用,在促进乡村发展过程中没有发挥应有的作用。没有一支强有力的本土创新创业人才带领广大农民这支庞大的队伍,科技含量水平没有提高等因素,都是制约资源开发、乡村振兴政策推广的因素。想要推进乡村振兴,关键要"激活乡村沉睡的资源",使这些资源的优势和特色所蕴含的内在能量有效发挥出来。

乡村振兴的问题有很多,不仅是各个乡村所拥有的自然资源禀赋差距很大,还有很多潜在问题,想解决这些问题,要在实施乡村振兴战略进程中逐一研判各自优势和特色及排查问题所在,这样才能促使所蕴含的内在性要素与乡村本土各个领域的发展实现有效融合,为振兴乡村提供新的方向。具体来说,乡村自然资源禀赋对乡村实现产业振兴和生态修复具有重要推进作用。比如,乡村物种资源的多样性分为很多种,但昆虫一类对农业生态系统发挥了重要作用,使农产品产能增强,这些都在客观上为乡村发展的多样性农业经营提供动能,水利资源可以为发展现代高效农业提供动能,充分发掘乡村的自然资源禀赋,使乡村产业蓬勃发展,还能吸引城市工商业资本、人才、技术等先进资源涌入乡村,以此推动乡村快速实现振兴。乡村自然资源禀赋在机制优势内部潜藏的动力性因素巨大,是形成乡村特色和优势的重要源泉,带领广大农民将其进行充分发掘和有效利用将汇集成为推动乡村振兴的巨大力量。

(二)发掘乡村社会资源禀赋的动力性因素

乡村的社会资源禀赋主要包括政治资源、经济资源、文化资源等,这些资源是推动乡村实现发展的重要条件。而社会资源禀赋蕴含着诸多内生动力性因素,而这些因素就是推动乡村发展的重要力量。比如,乡村的政治资源,可以在很大程度上调动农民的主动性、积极性及创造性来推动乡村振兴的快速发展。乡村的经济资源可以为乡村产业经济的发展提供持续性动能,乡村的文化资源能为乡村的文化振兴及其他方面的振兴提供精神动力。如果充分发掘乡村的社会资源禀赋,就在客观因素上吸引城市或发达地区的各种人才、资源、技术、资本、信息等要素流入乡村,从而形成推动乡村发展的合力,汇聚力量众筹资源推动乡村振兴进程。在乡村振兴进程中,需要深入考察、分析、探究各个乡村的社会资源禀赋的实际情况,把充分发掘和有效利用其内生动力性因素作为重点任务,使这些因素成为推动乡村振兴的巨大力量。

(三)因地制宜、精准施策发掘乡村的资源禀赋

因地制宜、精准施策相信大家都知道,它主要根据的是各个乡村所处的地理环境和历经的历史传承,而这所形成的资源禀赋差异,就是各个乡村发展的点。都知道有的乡村自然资源非常富有,而社会资源比较匮乏;有的乡村社会资源比较充裕,而自然资源比较匮乏。面对这种不均衡的问题,需要去发掘各个乡村的资源,精准地进行策划,运用快、准、狠一步到位的策略进行推动乡村振兴的进程。并将乡村分为资源优势型村庄、资源平庸型村庄和资源劣势型村庄三种类型,特别体现出因地制宜、精准策略。乡村资源禀赋存在的差异意味着各个乡村的潜在动力性因素是完全不同的,而且在数量和种类上也存在较大差异。那么,在发掘动力性因素时就应做到因地制宜、精准施策,推出"组合拳",分类推进。

三、三治融合:乡村治理现代化有效机制

乡村振兴战略在地化实践成效主要得益于乡村治理的有效性,换而言

之,推动乡村治理有效既是实施国家治理体系与能力现代化的主要任务之一,同时还是培育乡村振兴内生动力的重要治理机制与方式。从实践调查结果来看,现行村庄社会治理任务任重道远,并未得到有效治理,其内积压的矛盾与难题已然形构出对乡村振兴战略的诸多障碍。在村庄内部的诸多成员参与行政村事务,尤其是村务活动的积极性和热情受到了不同程度的弱化。因此,从这个意义上来看,如何推动村庄社会的有效治理已然关乎乡村振兴战略在地化实践成效。推动村庄社会的有效治理,无疑需要建立在基层政权的政治建设基础之上,同时营造乡村稳定且和谐的整体社会环境,进一步释放农村社会中的主体动能,进而为乡村振兴培育和提供内生动力源。

（一）法治维度:着力整治乡村社会乱象,营造和谐稳定安全的社会环境

目前来看,在中国大陆地区的广袤村庄社会仍然还存有不同程度的乡村社会"乱象"图景,其具体呈现为如下:一是部分村庄内部还存在一定的"黑、恶、灰"的势力,村庄社会治安并不达标,或者说,"害群之马"不同程度地存在,极大地影响了村庄社会稳定;二是由于部分基层干部,尤其是村支两委干部的"不当方式"——不注重密切关注党群干群关系(甚至还有一些村干部将党群关系、干群关系简单式理解为一种"油水关系""蛙水关系",而非"鱼水关系"),其结果选择性侵犯了村庄社会成员的个体合法权益,诸如是骗取集体的"惠农项目资金"。另外,乡村振兴账目的"雁过拔毛"的"乡村微腐败"仍在不同程度上存在;三是少数村庄社会中的"霸道人士"违规乱占其他村庄社会成员的宅基地,也存有乱建住房的现象,如上行为和举动都在某种程度上侵犯了其他村庄社会成员的合法权益和村集体的利益。对其追根溯源就会发现:村庄社会之所以发生上述乡村社会乱象,其缘由主要是村

庄自治规则失去了硬性和软性约束力。无论主体是谁,总存在村干部、村民"轻视、漠视甚至忽视"村庄社会中的本源规则,诸如原有的乡规民约、一般道德规则,甚至还存在藐视法律制度的现象。本应由制度和规则所内生出的惩戒效应都在不停地被践踏行为所削弱。因而从这个意义来看,如何最大化地规避乡村治理社会乱象显得尤为重要,关键在于如何建立健全乡村社会规则体系,并得以架构出长效机制,如上行动势必会成为当下乡村振兴的重要任务之一。

大力整治乡村场域中的社会乱象,无疑可以助推乡村振兴的良性社会环境建设,为个体村民的生存、生产、生活创造和构建一个和谐稳定安全的村庄社会环境,进一步保障了广泛村庄社会成员的合法权益和村集体的利益。此外,同时整治村场域中的社会乱象,还可以进一步提升基层政权的公信力,增强广大农民对基层政府和村支两委干部的认同感和信任度,进一步实现智力支持和力量支持对广大村庄社会成员的凝聚效应。

换而言之,借此大力整治乡村社会乱象的现实行动,无疑可以在更大程度上释放村庄社会场域中的内源式红利,从而推动村庄社会进步活力的快速提升,进一步实现村庄社会中的内生驱动。因此可以说,在全面施行乡村振兴战略的大背景中,更应该将大力整治乡村社会乱象、开展必要的"乡村扫黑除恶"专项斗争作为培育和激发推进乡村振兴内生动力的基础路径与基本途径之一。

(二)德治维度:强化乡村文化建设,为推进乡村振兴注入精神活力

从政治学、社会学视角观之,"社会意识"(Social Consciousness)对社会治理或社会政策行动产生一定的"作用",因而可以说,积极的社会意识对社会治理或社会政策行动具有正向的促进效应。与之相反,消极的社会意识对

社会治理或社会政策行动具有负向的抑制效应。从这个意义来看,乡村社会意识的提升关系到乡村振兴战略的落地实践,重点落脚于如何强化乡村文化建设,这已然是构成乡村有效治理的重要板块之一。乡村文化建设的实质仍然是推动村庄社会的"德治"有效,重点是落实到如何以党建引领的文化建设助推乡村振兴的内生精神提升。

目前实践调查来看,苏、浙、赣、闽等多省份中的部分村庄中依然还存在不良村风村俗盛行现象。这些现象盛行,在一定程度上反映出的是村庄社会内的文化失调,甚至是文化衰败所导致的"恶效应",诚如有学者所认为的,"传统的相对封闭的村庄社会向现代的相对开放的社会转变中出现的'不适应'"[1]。

应该说,上述村庄社会不良风气在一定程度上限制了乡村社会治理的快速步伐,客观层面上成为全面实施乡村振兴战略的现实阻力。与之相对应,通过党建文化有效引领对乡村文化中"歪风邪气"的深度系统治理,从而主动引导乡村个体成员自觉地抵制不良风俗。只有如此,才能最大化释放村庄社会的本源活力,同时才能有效培育和推进乡村全面振兴的内生动力。因此,从这个意义来看,推动乡村的德治,强化文化的内生发展,其机制的路径设计可以划分为以下三点。

其一,营造乡村有序良善的和谐乡村文化环境,从而为推动乡村全面振兴提供精神动力和文化持久力;其二,提升村庄社会个体成员的文化素养,进而以个体文化为乡村振兴助力,植根于主体内源式文化发展;其三,大力发展提高基层干部与村干部的文化水平,从而调动和统筹乡村德治力量,构建出良性有序的组织文化。只有如此,才能从最大层面上提升各方主体参与乡村文化振兴的积极性、主动性与热情,旨在进一步提供乡村振兴的内生

---

[1] 贺雪峰:《大国之基》,东方出版社,2019年。

文化助力。

（三）自治维度：加强乡村基层政权组织建设，培育推进乡村振兴的牵引力

依据行政学视角观之，作为行政链条的"神经末梢"——乡村基层政权组织，仍然扮演着举足轻重的作用，或者说，基层政权组织既是国家政权组织的基础，又是联系基层群众的政权组织的执行机构。事实上，正是基于这一双重组织结构和组织区位，使其成为突破乡村振兴及其农村公共服务最后一公里的关键点。"提衣提领子，牵牛牵鼻子。办好农村的事，要靠好的带头人，靠一个好的基层党组织。"由此认为，基层政权组织是代表国家力量的政权组织能够为最广泛的农民主体"做好事、办实事、解难事"的保障力量。

从目前的调查来看，部分农村地区的基层政权组织的建设并非众多文献图景中呈现的那么乐观，基层组织建设的"虚置"及形式主义现象仍然存在，这些都造成治理的"严重内卷化"，进一步限制了乡村振兴的实践成效。之所以会产生上述图景，原因在于：一是部分基层组织的工作涣散，甚至在经济发达地区农村逐步被边缘化，其结果是基层组织工作和党建领导功能未能有效发挥。二是部分地区的村"两委"干部领导责任意识淡薄，无法引导和组织应有的党组织建设。三是乡村民主协商制度建设的无序化，无法有效保障乡村个体的民主政治权利——诸如说事、议事、主事。总而言之，基层政权组织建设的弱化客观上导致了乡村振兴战略在地化实践的"抓手"不牢靠，进一步制约乡村治理的有效性。

因此，如何促进乡村的全面振兴，关键要牢牢抓住基层，其抓手主要是依托乡村基层政权组织的强力建设，能够不断地培育乡村振兴的内生有机主体。具体来说有如下三点。

第一，建设好基层党组织。强力发挥基层党组织在乡村场域空间中的

领导作用,助推乡村振兴的组织建设。在调研过程中,个体农民生活语言中"村看村、户看户,农民就看党支部"。除此之外,对于下沉至农村的物资而言,农民的回应是,"给钱给物,还不如建个好支部"。本书前期所调研的Z省的GT村、J省的Z市YL社区、R市XM社区、J省的JW镇村庄治理实践来看,乡村(农村社区)振兴与乡村治理的成效主要得益于一个强有力的基层党组织建设。从以往的政治话语也可以得到印证,"群众如果能紧紧团结在党组织周围,围绕着同一个建设目标,就能实现'心往一处想、劲往一处使'的现实路径"。因此,从这个意义来看,如何建设好基层党组织,无疑将会有力地夯实中国共产党和政府在乡村场域的执政基础,同时还能有效领导乡村振兴,美丽乡村建设伟业。

第二,培育具有主体性的基层领导干部及其加强干部队伍建设,这一主体性主要体现在敢担当、责任心强、服务作风正派。诚如习近平所说:"火车跑得快,全靠车头带。"因而,从这个意义来说,培育和拥有良性队伍,无疑将推动乡村振兴建设进程。事实上,基层干部队伍的建设,尤其是核心成员(如驻村领导、第一书记、村支部书记、村委会主任)对乡村振兴成效有着直接影响。因此,既有研究中就有关于乡村领导对乡村治理绩效的研究,那么从实践中也会发现诸多带头治村的能人,诸如史来贺、张荣锁、朱重庆、范振喜、雷金河、郭宝印等。上述不仅是村干部,还有带领当地人实现共同富裕的人。因此,可以说,要善于选拔"敢担当、责任心强、干事创业能力强"的基层领导干部,为乡村振兴提供主体支持。

第三,完善基层民主协商制度。建立和完善基层民主协商制度,尤其是在乡村治理过程得以有效应用,有助于充分保障主体"说事、议事、主事"的基层民主政治权利,进一步调动农民主体积极、主动地参与乡村振兴。事实上,乡村本是一个大有可为之地,其作为广泛农民主体日常生活、生产与娱乐的聚居场所,可以说单个村庄社会的发展势必会与每个村民的切身利益息息相关。那么,从这个意义来说,积极努力调动每个村民在任一村庄的主体能动性,做好主人翁的应有之事。

四、深化改革:助推乡村振兴的持续机制

推动社会变迁与社会发展的动力无一不是建立在制度创新与社会改革的基础之上,因而有人说"改革是推动人类社会变迁与发展的恒久动力"。国家治理能力与治理体系的现代化,自然需要深化对农业农村发展的持续性改革,当然乡村治理的改革作为国家治理体系的一部分,同时又是作为社会改革的一部分,其改革成效与改革重点将会影响未来一段时间的全国推广成效。

以纵向历史视角观之,中国共产党历来非常重视农村改革与乡村建设行动,无论是在新民主主义革命时期的"发动农民,开展土地革命",新中国成立之后颁布和实施《中华人民共和国土地管理法》,进一步推动全国土地改革运动。到了1978年改革开放的"包产到户"——家庭联产承包责任制的农村改革,充分调动了千千万万农民生产与劳动的积极性,重点是一举解决了农民个体的温饱问题,正式拉开了中国农村改革的序幕。到了21世纪,随着2006年农业税费的全面取消,进入新农村建设的新阶段。时间的钟摆跨到党的十八大之后,习近平同志亲自指挥精准扶贫和美丽乡村建设的大力实施与推进,对广大乡村和农民个体的发展起到了至关重要的作用。尤其是习近平在党的十九大报告中提出的乡村振兴国家战略,无疑将助推农业农村发展的现代化,全面提升广大农民的获得感与幸福感。因此,在乡村振兴全面深化改革的进程中,要统筹各方力量,充分调动一切参与主体,进一步促进乡村场域空间的各种资本要素充分活跃起来,以便能够为乡村振兴提供主体贡献。正如习近平指出,"改革是乡村振兴的重要法宝",要想改革

需要提升动力,"要解放思想,逢山开路、遇河架桥,让乡村的资源、要素能够活化起来",最重要的是要让广大农民激发出应有的积极性和创造性,以便能够最大程度地吸纳一切社会力量来支农助农,从而为中华民族伟大复兴的中国梦不懈奋斗。此外,应该看到的是,在全面推动乡村治理能力与治理体系的现代化进程,要破除那些阻碍乡村生产力发展的生产关系,其目的在于提升乡村治理质量,以便能够最大化提升广大农民个体的幸福感。

基于此,在推行和实施全面乡村振兴战略进程中,势必需要以改革为乡村振兴提供持续的内生动力。

(一)要以广大农民的根本利益作为深化乡村改革的立足点和出发点

深化乡村改革,关键要厘清其内在的立足点和出发点,即"如何实现广大农民的根本利益"。换言之,就是"要实现好、维护好和发展好广大农民的根本利益"。政治经济学视角审视可知,主体人既是生产力发展中最为核心的要素,又是社会生产资料中最为活跃的因素。换句话说,从行为心理学视角审视可知,个体的多维需求是其主体可从事相关生产活动的动力之源,为了能够满足其个体需求而进行的相关活动。因此,只有依托人类需求的根本驱动力,才能推动人类社会发展的不断进步及社会变迁、制度的创新。

但是从现实角度出发,人的社会性需求总是充斥了不确定性与复杂性,因而可能就呈现出多样化特征,但是如若需要综合起来,可归结为"利益"(interest)。因而,从这个逻辑来看,以利益内嵌的社会需求对主体的驱动力无疑会进一步扩展,尤其是在利益计算的行动逻辑都会促成主体人的驱动因素。诚如有学者所认为的,"人们为之奋斗的一切,都同他们的利益相关"。之于农民而言,其所从事的一切活动自然是为了能够满足其个体自身的利益需求,而作为执政党而言,其需要关注到最广泛农民的根本共同利益。只有如此,才能有效地获得最广泛农民的支持与拥护,中国共产党的执政之基才能愈发巩固,从而能够汇聚成中国经济与社会发展的新旧动力。当然,这一基本精神价值原则,已然被中国众多历史事件所证明,并且这一原则会在未来具有中国特色的治理实践中继续发挥出"真理"般的色彩与光芒。

中国共产党在不同历史时期一直注重对广大人民群众的利益维护,无论是在革命时期、建设时期、改革开放时期还是当下的新时代新征程上,都在不断地为人民谋幸福谋发展。只有不断地为农民群众提供切身利益,才能不断地赢得人民群众对农村改革政策方针等的支持,从而才能充分调动广泛的人民群众积极参与到乡村建设行动之中,为中国梦的实现奠定坚实基础。当然,正是基于中国底层社会群众对执政之基的不断夯实,才使得中国在过去70多年的伟大征程中创造了不可比拟的丰功伟绩。亦如习近平一直强调的,"我们要牢记亿万农民对革命、建设、改革作出的巨大贡献"。此时此刻,我们的国家和民族已然进入了新时代,习近平指引亿万农民团结奋斗,全面推进乡村振兴的国家战略,始终牢牢将"广大农民群众的根本利益"放置首位。当然在此之中,要深化好农村农业发展的结构性改革,重点要破除和消解以往限制农业农村现代化发展的体制、机制的中梗阻。总而言之,唯有如此,才能使乡村建设行动、农业农村现代化改革的最终目标得以实现,最终才能促成乡村的全面振兴。

(二)以"三权"分置来深化农村土地制度改革

事实上,推进农村土地制度的结构性改革,从而盘活土地资源在农业农村改革中的活力,从而为推进乡村全面振兴进程中培育内生性动力。无论是文献文本还是调研实践中,农村土地制度是农村制度的核心地位,亦是农村发展与村庄社会发展的核心命题。当然正是因为如此,其自然成为乡村社会关系及利益关系的纽带。更为明显的是，农村土地制度问题是各个乡村发生诸多利益矛盾和社会纠纷的直接源头。

从政治经济学视角来看，土地制度本身就是农村社会生产关系的重要组成部分，其对农村社会生产力无疑起到了强力助推作用。应然而言，一旦确立好土地制度形态能够匹配和适应农村社会生产力的发展，进一步提升其农村社会生产力的水平。反之，一旦以往的土地制度无法匹配和适应农村社会生产力发展的时代要求，势必会造成社会生产力的阻碍。由此看出，推进和施行农村土地制度改革，其宗旨主要在于消除限制乡村社会生产力发展的制度障碍。

中国场域中的土地制度都是国家所有制，那么，置身于农村场域而言，农村土地的所有权是归农村集体所有，土地的承包权与经营权是归属于个体农户所有。现代化进程不断加快，工业化与城镇化步伐的不断迈进，因"用脚投票"使得多数农村户口进驻到城镇区域，尤其以农民工二代、三代居多，农村空心化问题较为严重。这一现象进一步诱致了村庄内的诸多农村土地资源被抛荒式地闲置下来，极大地影响了农业生产率的提升。

正是基于如上窘境，为了被抛荒式的闲置农村土地资源能够提供利用率，在乡村振兴的国家战略引导下，政府积极推行"三权"分置的农村土地制度改革。"三权"分置具体来说：在坚持农村土地集体所有的前提下，大力倡导农村土地经营权从原来的个体农户转移至新的农业生产与经营主体，此中最为关键的是如何实现对农村土地的承包权和经营权的相互剥离。如上逻辑归纳就是对农村土地改革中"三权"分置的实践逻辑。应该说，这一改革创新的制度优势主要体现在既保障了农村土地的集体所有制的前提，又使得承包方的权益稳定且长效。

透视其制度优势，具体分为：第一，能够最大化有效利用农村场域中原先被抛荒（或闲置）的农村土地，继续为农业生产提供助力，提高农产品生产效率;第二,改变了以往农村土地的使用权益,创新了农村土地使用权,从而建立兼具资本活力的土地转让机制,其目的在于能够快速消除以往碎片化(细碎化)特征,最大可能地实现农村土地改革朝向规模化、集约化及专业化的发展路径;第三,有助于提升个体农户的经济性收入,原先对农村土地的承包方,即个体农户主体,会因其个体获得土地流转而享有经济收益权,进一步提高了个体农户的经济性收入。需要特别说明的是,在推动农村土地流转过程中要客观尊重个体农民的真实意愿,要警惕以往改革中的教训。当然在农村土地制度改革中,不应害怕工商资本下乡,介入农村土地制度改革事务中,要相信资本的增值效应,但与此同时也应防止因资本介入过快所导致的对个体农民的保障受损无助的现实困境的发生。总而言之,只有通过"三权"分置的制度改革创新,以期确保农业生产率的快速提升,最终为农业农村的现代化发展提供坚实的恒久动力。

由此可见,基于"三权"分置的改革模式,无疑将会极大地促进农村土地流转,甚至一部分个体农户会以入股的方式进一步促成农村土地经营权的快速流转,从而盘活农村土地资源的最大化活力,有助于提高个体农户的经济收入,全面提升最广大农民的最大化福祉。积极推动农村土地制度的"三权"分置改革,促成农村土地走向一条制度改革有序的希望之路,即"土地所有权归集体、承包权归原先个体农民农户、经营权自由流转",尽最大可能地将农村土地要素充分流转起来,从而最大程度地将优势得以充分发挥。

(三)深化农业供给侧的结构性改革

进入新时代,推动乡村全面振兴进程的重点在于如何深化农业供给侧的结构性改革,以便于能够有效拓宽农业发展的渠道与发展道路。换句话说,如何推动乡村的可持续发展,推动农业发展的最大化繁荣,具有重要的现实意义与理论价值,深化农业供给侧的结构性改革是推动乡村内生性发展的主要举措。供给侧结构性改革本质上是推动市场内部的资本价格机制效应的最大化发挥,那么可以说,农业市场化改革是必由之路,重点在于强化价格机制的引导。当然,有学者认为,"市场需求是农业发展的大船导航灯,资源禀赋是农业发展的大船定位器"。那么从这个意义来看,一旦某一生产的农产品的外部市场需求不足亦或者,超出了正常的市场需求,其结果不言而喻,农产品价格自然会随之下跌,并增加了持有农产品的库存成本,与之相对应的农户的收入势必会下降,从而对个体参与农业生产的积极程度和主动程度造成不可恢复的损耗。

现在农业发展已然进入了新时代,农业发展的主要矛盾不再是总量不足,而是转向结构性矛盾,确切地说,矛盾集中在供给侧。从结构经济学视角来看,缓解上述症结矛盾主要依靠市场化需求导向,尤其注重农业供给侧的结构性改革路径。在实行乡村振兴的进程中,着眼于农业供给侧改革的优势尽显:其一,基于结构性经济视角,依托于多种农村发展要素,开展多样化经营,意在化解结构性矛盾存在的风险,促成农产品供给的有效性。其二,通过农业品牌的打造,尤其是坚持特色发展,建立特色新高地,从而有序提升农业生产与经营的综合效益和竞争优势。其三,积极探索第一、二、三产业的融合发展,尤其是与农业生产息息相关的食品行业,从而达成"农业+(技术载体)"的生产与经营的新业态。应该说,通过不断地深入农业供给侧结构性改革的前提是如何拓展农业发展的内生空间,中介过程是依托载体来促成个体农民的产业增收,结果是要积极达成农业现代化,为全面实现乡村振兴提供内生发展动力。

总而言之,深化改革的重点是如何厘清并破除制约农业农村现代化的体制(机制)短板,使得以往不适应农业发展生产力客观要求的生产关系能够有所质变,从而能够达到出发点与落脚点,即"发展好、实现好和维护好广大农民的根本利益",充分调动最广大农民积极有序参与乡村全面振兴,从而形成推进乡村振兴的内生发展动力。换句话说,只有持续不断地推进农业农村的供给侧结构性改革,才能在乡村全面振兴进程中实现内生动力的有力培育举措。

第三节 四维结构机制

基于上文的阐述与分析,尽管社会质量理论实际应用于社会治理实践较少,更多时候还是在应然意义下的学术探讨。之于中国场景,其研究所呈现出"相对冷淡"之图景,或者说,未能成为一个时髦的学术命题。尽管如此,不应该忽视社会质量理论内嵌的社会性之意义所在,其关键点在于如何提升社会场域内全体社会成员的福祉。因此,从这个意义来说,社会质量理论与乡村振兴实践具有一致性内核。事实上,两者都希冀于构建乡村治理现代化体系,力图实现乡村经济与社会发展的有机融合,以期构建出可持续福祉提升的乡村社会,这其实是乡村振兴实践中国乡村治理现代化的客观需要的理论指引与方略。因此可以说,基于社会质量理论视角考察乡村振兴的在地化实践,必然需要我们反思当前农业农村现代化与乡村治理体系现代化之间的关系,尤其是其内含的价值与事实之间的逻辑与矛盾。如上悖论矛盾的系统阐释与化解有赖于与乡村全面振兴相契合的乡村建设政策行动。为此,基于社会质量理论内在的四维结构要素,构建出社会质量机制,旨在进一步促成乡村振兴的全面实现。

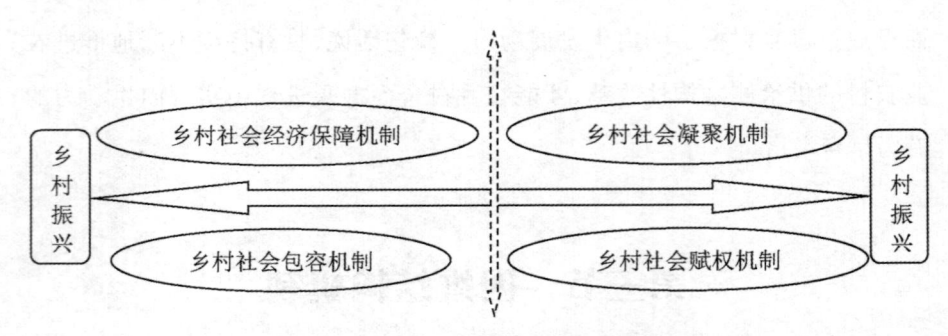

图5-1　社会质量理论内在的四维结构要素

因此,基于社会质量理论中四维结构要素嵌入乡村振兴实践中的优化机制,具体有如下。

一、健全社会经济保障机制

以社会质量理论视角来审视乡村振兴,提升乡村治理质量的基础是建立健全乡村社会经济保障机制。与此同时,保障网的实现得益于社会福利的普惠性供给,因而对于乡村社会治理而言,其所内嵌于乡村公共性的前提自然也转向乡村社会经济保障网络。[1]需要重视的是,社会质量理论内嵌于乡村振兴的实践必然需要构建出乡村社会经济保障网络,更为重要的是这一网络的构建不仅保障主体人——村民之需,同时还要构建与之相配套的乡村社会保障性的制度安排。因此,从这个意义来看,还需要有其他相关的保障性制度安排。那么从这个意义来看,应当通过构建以乡村社会公正性价值观为先导,重新审视乡村振兴进程中的乡村社会与经济关系,从而寻求两者之间的平衡性,以期能够进一步诠释乡村全面振兴。那么这一话语主

---

[1] 武艳华、黄云凌、徐延辉:《城市社会凝聚的测量:深圳社会质量调查数据与分析》,《广东社会科学》,2013年第2期。

第五章 实现乡村全面振兴的有效机制

体就沿着行政权力链条延伸至基层政府,尤其是乡镇政府及村委会。

其一,在农民工的社会保障与收入保障维度上,要合理制定出农民工企业务工的规范与条例,尤其是不得以拖欠农民工工资及设定和坚持最低工资标准;此外,完善农村地区最低社会保障的政策体系,让村庄社会的贫困群体迈出"相对贫困"的陷阱,最终有条件有步骤地完善农村地区的多梯度保障网络体系,从而达到乡村社会福利覆盖面再次扩宽。[①]其二,在保障农村地区的住房维度上,应当提供有力保障,避免对农村地区的过度开发与透支发展,重点应当落实到如何通过财政经费构筑乡村保障性住房,尤其是对诸多危房进行改造,从而实现对农村地区碎片化空间的整体性治理。其三,在就业维度上,基层政府应当增加乡村再就业的机会和投入财政资金,以便有效缓解农村地区劳动力市场过剩。其四,在教育与培训维度上,增加新型农民的职业培训,力图提升其再就业的能力,此外亦不可忽视对其农民工二代、三代的正常受教育的范围、人群及年限的保护。

如何构建乡村社会经济保障网络关乎乡村振兴实践成效,尤其对于乡村治理有效性而言,其内嵌的外化效应:其一,突出乡村社会经济保障对象的外部学习与扩散。事实上,社会质量理论视角下审视乡村振兴的实践,在一定程度上客观要求了乡村治理有效应该更加追求乡村社会经济保障网络的全覆盖,对乡村社会全体成员的普遍惠及,尤其是治理过程中特别需要关注到乡村弱势群体的社会保障功能,诸如贫困户、低收入的残障成员及乡村流动性弱势群体。其二,扩充乡村社会经济保障的实质内容,不应将其简单地列为以往的乡村社会治理传统目标,诸如乡村社会维稳及群体性事件,而是应当将乡村公共服务的范围拓宽到乡村公共卫生(乡村医生与乡村公共

[①] 王晓楠:《社会质量理论视角下中国社会风险治理》,《吉首大学学报》(社会科学版),2016年第2期。

社会质量、治理有效与乡村振兴

卫生服务)、乡村教师与乡村教育服务、乡村住房及农地流转、乡村生态环境保护等。

另外,扩大服务保障内容,社会经济保障之于乡村治理服务内容,不再局限传统乡村治理模式目标(以维稳为主),将社会基本公共服务中的经济社会资源、公共医疗卫生、基础性教育、住房与生态环境等纳入核心保障内容体系之中,进而刻画出民生公益于乡村治理内涵体系之中。此外,对于社会经济保障服务流程来说,不管是任何区域还是任何一地的村庄社会,都可以通过构建出整体性治理平台来填补众多乡村社会经济保障体系之间的缝隙,以此来达成对乡村社会经济保障网络体系的构建。[1]那么从这个意义上来说,基于村庄社会内在的复杂半熟人半陌生人社会场域空间,其实然意义下所构建的乡村社会经济保障网络服务体系与村庄社会应然意义下乡村社会质量建设仍有一定的距离,那么乡村社会经济保障网络自然会内生出诸多不确定之风险。[2]此外,基于社会质量视角来审视乡村振兴全面实践的关键基础任务在于逐步有效构建出乡村民生事业为基础的乡村社会经济保障体系,以此来有效构建乡村社会经济的福利体系,以便于能够有效保障乡村低收入群体、贫困户及弱势群体的福利水平,力图在最大程度上合理合法地缩小村庄社会中的个体收入差距,从而能够在广义范围内有效优化现行内部的财富收入分配格局,旨在进一步助推城乡资源与公共服务上的均等化享受。此外,更应该注意的是,要有效兼顾正式制度的建设及乡村非正式制度的自我建构,从而力促乡村经济社会保障体系普遍惠及乡村民众。

---

[1] 王沪宁:《中国:社会质量与新政治秩序》,《社会科学》,1989年第6期。
[2] 林卡:《社会政策创新与社会质量研究》,《国际学术动态》,2011年第3期。

二、完善乡村社会凝聚机制

从社会质量理论视角来审视,社会凝聚是社会质量的重要影响因素,其内在的阐释在客观程度上昭示了一个社会制度与社会发展的现实优越成就,此外,其更能映射出这一社会质量得分高低,以及场域空间中的个体归属感与信任度。换言之,诚如有学者所认为的"一个社会场域空间内的个体成员只有接收到高强度社会联系,并内化出互动共享的价值观,才可能形塑出一个较高社会质量程度的社会"[1]。一旦一个社会的信任度被降低甚至大范围的流失,其可能会导致一个结果,即社会的过度不安甚至在极端情况下加剧这一社会的分化程度。要避免这种状况,就需要建立以社会信任及社会公正为核心价值导向的社会政策体系,力图能够重塑出社会凝聚的制度安排。

那么置身于乡村社会场景之中,如何提升村民的社会凝聚,其内在核心要素在于秉持和提升其个体的乡村社会信任,此中亦囊括了村庄社会中的内部人际信任,本村与外村的信任及村支两委与地方政府(乡镇政府)之间的公信力等。因此,在现实维度上的城乡二元化发展结构的固有影响,以及以个体贫富差距扩大化的实现前提下,如何将乡村社会公正价值与精神内嵌于乡村振兴的政策体系之中,有效提升村民个体的社会信任度,尤其是通过乡村民生保障来促成乡村社会公正的内在精神内核。[2]因此,从这个意义来说,通过外部的乡村社会经济保障无疑可以促成乡村社会凝聚程度的间

---

[1] 徐延辉、龚紫钰:《社会质量、自我效能感与城市外来人口的社会融入》,《社会科学辑刊》,2016年第2期。

[2] 蒋永穆、张鹏、张晓磊:《民生保障与社会质量提升:欧洲社会质量理论的启示——基于经济保障维度的研究》,《江淮论坛》,2016年第3期。

接提升,进一步提升乡村治理的质量。

在乡村社会场域空间之中,无论是村民个体的社会归属感、对政府的信任度及村庄事务的参与都在一定程度上投射了对乡村治理质量的个体感受。但是从实践调研来看,城乡流动速度不断加快,乡村空间壁垒被打破,乡村社会内部的张力矛盾愈发凸显,诸如主体信任缺失、社会利益的固化、乡村精神的衰败等乡村社会失范(Social Anomie)的现象频发。因此,乡村振兴的文化振兴就是需要将乡村凝聚力的整体性提升纳入乡村社会行动之中。

那么就乡村建设行动来说,如何提高乡村社会凝聚力症结的具体举措主要集中在:其一,将主体切入乡村社会服务行动场域之中,确保主体能够内化为人本性关怀,同时能够坚持服务于民,最终能够提升乡村个体对乡村振兴事务的获得感。其二,借助于"文化振兴"项目下乡的实践过程,有助于营造出和谐的乡村文化良序氛围。其三,积极行动,一并施行,创生乡村社会志愿行动,实现传统乡村文化与精神的现代化转向。其四,构建亲戚邻居等主体间的互助式合作,在既有的差异性前提下能够寻找主体间的共性特征要素,助推乡村价值的找回,以期能够在村庄社会场域中形塑出一种共识。

随着现代性的不断侵入,中国乡村社会正面临着社会转型与体制转轨的多重互动影响,与此同时,乡村社会场域之中的公正价值精神正面临着不断衰败之窘境,与之相伴生的城乡流动的社会认同危机正在逐步演化甚至迸发。换句话而言,其乡村社会内部的社会秩序正在不断被现代性所解构。在如上的情景之下,乡村社会的主体凝聚力正逐步被解构,甚至弱化为单一行动逻辑。如上种种行动逻辑,往往会导致乡村社会个体的非正常的常态化心理,最终或有可能激化乡村社会主体之间的矛盾,形成社会风险事件。此外,这一非正常的心理往往会导致村民的"过激反应",进一步影响了村庄社会内部的社会团结与村民个体整合的整体性福利的增量行动。那么从这个意义来看,如何有效嵌入乡村社会凝聚的行动路径,力图促成乡村治理质量的有序提升,进一步强化乡村治理效能。诚如Berman,Y.and Phillips所认为的,"社会凝聚可以简单视为基于社会价值观和社会规范为核心的社会认同基础上的共享行动"[1]。因而,如何在乡村场域空间中嵌入乡村社会信任、乡村社会整合及外部乡村社会规范和乡村社会价值观等,就显得尤为重要。当然在此还需要凸显乡村社会网络与乡村社会认同的集聚效应,以便于能够构建出乡村共同体的大凝聚格局。

事实上,乡村社会凝聚机制的构建关键在于筑牢乡村社会信任的基础,因而如何形构出乡村社会信任机制则是关键,重点应当落实在乡村文化与内在精神的重塑。城乡之间的资本要素流动不断加快,经济逻辑的肆意扩张,其所内嵌的价值理性会逐步蚕食甚至侵入乡村社会信任与乡村文化价值之中。

基于上述阐释,健全乡村社会凝聚机制着眼于重塑其可行路径:其一,重构乡村社会信任机制。以普遍信任与特殊信任所构成的乡村社会信任的进一步重构和完善有赖于乡村自组织社会的构建,强调乡村本位的主体性,尤其凸显了乡村自治权能的积极应变性,无疑有助于描摹和勾勒出乡村振兴的美好图景。[2]其二,乡村社会凝聚议题共识的达成主要取决于乡村社会认同机制的重构,尤其是对村支两委、宗族与家庭层面上的整体性认同,代表国家力量的基层政府主体应当着力重视乡村社会认同感的培育与重建,尤其需要关注到乡村社会精英的积极作用,探寻乡村社会大团结的可行路径,以便能在最大程度上构建和完善乡村社会内外一致的社会凝聚

---

[1] Berman, Y.and Phillips, D., Indictors of Social Quality and Social Exclusion at National and Community Level, *Social Indictors Research*, 2000, 50(3).

[2] Berting, J., Uniting European by Values: a Feasible Enterprise?, *European Journal of Social Quality*, 2003, 6(1).

机制。

三、构建乡村社会包容机制

　　以社会质量理论视角来审视，要达成社会融合的前提是构建出包容性的社会政策，以便能够全面建设高质量之社会，那么从这个意义上的社会治理结构与社会运行过程都显然需要内嵌高度的社会包容。因此，将学术视角沿着社会包容来看待社会发展过程中的诸多现象，诸如对社会弱势群体的不公待遇及不平等歧视等。

　　自1978年后，地方政府偏向城市发展战略及城乡二元结构的固有影响，无疑在主客观条件上都割裂了本应均衡发展的一体化进程。这一体制性因素的影响，进一步造成了非均衡性发展痼疾（城乡义务教育政策失衡、城乡社会保障的不公、城乡公共医疗卫生的非均衡），这些都难以持续促进城乡均衡的发展。尽管在2006年全面取消农业税费，乡村场域空间的个体成员获得了前所未有的收入增长，但是因城市偏向性发展及乡村个体进驻城市后的自我边缘化，都在主观层面上限制了城乡主体人的自由流动，愈发加剧了城乡二元的隔阂鸿沟，进一步使得城乡之间的"中心边缘结构"愈发明显。

　　基于理论与现实背景，都在客观维度上要求能够构建出乡村场域空间中的包容性发展政策体系。或者说，如何达成对乡村场域的边缘化处境的重塑命题的背后是如何创新和以往城乡割裂结构，重点在于设计和制定出乡村包容性发展政策。只有如此，才有可能有序提升乡村社会个体成员对乡村振兴治理改革的获得感与幸福感之普惠性享受的水平。因此，构建乡村包容性发展政策的目标在于有效厘清并实现乡村振兴政策体系中城乡融合发展理念的应有诠释。换句话说，建立健全乡村包容性发展政策的实质内容仍然是要大力促进城乡融合发展，尤其是对乡村边缘群体的包容，以便

第五章　实现乡村全面振兴的有效机制

于其个体能够免受不确定风险的侵害。①从如上的理论逻辑可以进一步得出,要想通过构建乡村包容性政策行动实践,力图实现主体间的相互融合,尤其是将乡村场域中的边缘化群体吸纳并整合嵌入城乡融合发展之中。具体说来:一方面,要构建应有的政策体系,它能够对乡村社会的边缘化群体形塑出均衡化的保护,当然这已经是基层政府的公共责任之所在。另一方面,要极力构建出乡村利益惠及的政策共同体,意在将乡村社会的边缘化群体吸纳进去,尤其是要防止诸多乡村社会其他主体对弱势群体的社会排斥行为及排斥现象,能够让乡村振兴的改革成果最大范围惠及诸多乡村社会个体成员。总而言之,乡村社会包容机制的构建无疑会实现乡村社会整合,进一步提升乡村社会融合程度,希冀于在最大程度上减少发生乡村社会排斥的行为。

在党的十八大之前,原先的城乡二元结构壁垒仍然存在,进一步造成了乡村社会的结构性障碍,在某种意义上加剧城乡二者之间的社会失衡关系。当然,如上的失衡关系在某种意义上可能加剧乡村场域中的社会主体结构的进一步撕裂,甚至造成乡村社会的治理失序崩塌。党的十八大以来,随着基层治理全面改革的深入,以往的城乡结构二元制度割裂格局已逐渐趋于崩塌,传统乡村的中心边缘区位正面临不断消解之境地,城乡融合发展态势愈发明显。以往的诸多乡村社会排斥图景,诸如弱势者的"被边缘化"现象、乡村多数人的政治冷漠与"沉默行为",都在呈现出不断逝去之光景。正是如此,习近平在党的十九大报告中提出乡村振兴的国家战略,进一步指出要实现城乡融合发展,提高基层治理的获得感与幸福感。

事实上,如何构建乡村包容性政策促成乡村全面振兴的关键点是要形

---

① Bonoli.G., Classifying Welfare States: a Two Dimensional Approach, *Jounal of Social Policy*, 1997,26(3).

构出乡村社会融合机制。换句话而言,包容性村庄的构建是建立在乡村社会融合的基础之上,强调包容性政策对治村结构的有机嵌入,希冀于能从两层(制度和生活)视角建构出乡村治理的包容性体系,以便在乡村社会场域之中构筑出乡村社会各个阶层之间的互助性表达氛围与条件。[1]由此可以认为,乡村社会包容行动既需要体现出"社会性",又应当凸显"乡村性"。置身于乡村振兴的国家战略背景之下,乡村社会包容行动内生性要求村庄中社会行动者能够自发并有序地参与村庄事务,并积极地融入良序村庄社会之中。有学者认为,如上过程往往需要映射于乡村"公民权",反射出公平之观念,重点是实现村庄从原先的社会排斥之图景走向社会融合之图景,允许村庄社会中的一定竞争,但更多时候是村庄社会的共同合作与融合与共。换言之,乡村包容的实质是如何解构传统模式下的社会排斥倾向行动,尤其是构建出适度普惠的农村社会融合的福利体系,以便村庄社会中各个成员都能普惠式享受到乡村振兴的改革成果。由此,乡村社会包容的具体行动可囊括为如下三个维度。

其一,多元化主体的包容。多元化主体之间的互动行动是乡村振兴的行动逻辑,以包容性内嵌于乡村振兴的实际行动,尤其是关注到乡村合作治理。如上的行动情景之下,必然要求各方主体要摒弃因阶层角色、分工及产权等多维因素的差异而导致的不确定风险扩大化,最终可能会进一步抑制了乡村振兴的内在活力。[2]基于中国内生的复杂性(广域地貌)、风土人情的多样性、内源积淀的差异,形构出合作共治之包容性格局已然是一种必然之势,凸显出多元主体的互构共生体系。

---

[1] Burchardt,T,Le Grand,J,and Piachaud,D.,Social Exclusion in Britain 1991-1995,*Social Policy and Administration*,1999,33(3).

[2] Taylor. Gooby, P., The Rational Actor Reform Paradigm: Delivering the Goods but Destroying Public Trust?,*European Journal of Society Quality*,2006,Vol.6(2).

其二，权能、幅度与层次之间的共生包容。随着现代化的不断深入，乡村内生的治理职能与层级发生诸多的撕裂，因而迫切需要构筑出职能分工与权责一致的内在包容性。通过再造乡村事务治理的流程，从而促成乡村振兴内在逻辑的理顺，最大可能构建出包容性架构，以促进乡村振兴的包容性体系的顺利构建。①

其三，行动机制的广泛包容。事实上，促成乡村振兴的本质是要构造出一个开放式的乡村系统，依据"产业兴旺、生态宜居、乡风文明、治理有效、生活富裕"的总体要求，其系统内嵌了多元化治理、利益表达、民主议事及评估与反馈等机制，但可以肯定的是其治理机制的构建必然需要兼具广泛性和包容性。换句话说，只有将治理主体、治理职能与治理机制，创设出一种包容性格局，进而在此基础之上实现机制的整合，以便于能够形构包容性的乡村振兴结构，才能有效弱化和规避乡村振兴实践中所面临的不确定性和复杂性的治理风险。

四、创新乡村社会参与机制

基于上文社会质量理论分析，社会赋权维度的现实意义在于如何凸显行动主体外化能力，以期助力行动主体的社会关系进一步发展。当然可以说，社会关系的发展逻辑似乎更体现出一种增量逻辑，其最集中反映社会公平，尤其是对行动主体个体潜能的整体性发挥。从既有研究来看，赋权的本质是实现社会行动主体的个体增能过程，以便能够强化这一社会体系中的外化价值，诸如开放、公平及正义等。应该说，社会质量理论内在实质仍然

---

① L.J.G., van der Maesen, Social Quality, Social Services and Indicators: A New European Perspective?, *Amsterdam*, November 2002.

要凸显主体的"社会性",与之相对应,赋权行动也需要映射这一本质,社会赋权已然构成了社会质量理论中的核心内容。从辩证法的视角观察,乡村振兴与社会质量理论之间的关系命题,将社会赋权行动有机串联起来,实现两者之间的内在逻辑契合性。具体来说,以一种互动行动为载体,实现了主体间的相互学习与交流,重点是构筑出一种新的社会关系,由这一逻辑为阐释乡村振兴提供又一切入点。[①]

以往的乡村建设行动模式附着了诸多局限性,单一化的政府控制逻辑并未消解,造成的结果是村民参与乡村事务的积极性普遍不高,同时也致使乡村自治的式微。这一现实图景往往会进一步加剧社会主体的"更弱",势必难以承接其他主体所让渡的权力与事务。主体互动自然受限,本应达成的赋权效应难以实现。但是从主体作用关系来看,未能有效构筑出应然意义下的良序主体关系。那么在如上的图景之下,乡村社会中各方主体仍然是一种独立思维的行动,缺乏必要的主体引导机制,尤其是以往"操作逻辑"——应然意义下的意见上诉和表达诉求等正式渠道与非正式渠道都可能会被"搁置一旁"。其结果往往是激发了乡村社会矛盾(诸如上访闹访事件、群体事件),应然意义下的良性秩序被解构。

基于社会质量理论视角审视乡村振兴及其实践逻辑,无疑需要凸显乡村性与社会性,重点在于如何凸显乡村本体力量,实现乡村的自组织治理。那么这一行动指南客观要求了乡村社会在从组织制度渠道上增进乡村民众参与的增量,尤其是强调乡村振兴行动中的社会参与机制的健全与完善。

有效增加乡村社会个体与整体的潜能,在某种意义上有赖于村庄广泛的社会参与机制,换言之,村庄社会发展过程的最终效能则由乡村社会个体

[①] Goodhart, D., Social Dumping Within the EU, in: Hine, D. and Hussein, K, *beyond the Market-the EU and National Social Policy*, routledge, 1998, pp.79-90.

成员对村庄社会事务的参与式治理绩效所决定的。上述行动中则需要进一步在两者(政策执行者的基层政府与乡村社会本体)之间建立起相对平衡的信息流转闭环回路,从而推动乡村社会参与机制的健全。因而,社会赋权视角下乡村振兴的政策构建与建设无疑需要广泛的社会参与机制。只有不断健全和改进乡村社会参与的模式、方法与机制才能促成乡村振兴政策体系的科学化、系统化及普惠化。总而言之,乡村社会赋权行动的中心任务就在于有效保障乡村民众能够积极参与乡村社会事务,尤其是促成其乡村政治参与行动,以参与促融合,以参与求发展,更大程度上实现村庄社会成员的个体性诉求。

以逆向视角观之,"赋权"并非目的,而是中介行动,其宗旨是要实现对行动主体的客观"增权"。那么从这个意义上看,就需要进一步厘清"增权"的实质,即"权力主体对对象客体的作用关系,并与之形成一种权力转换关系"。简而言之,有效实现基层政府与乡村社会的权力让渡,以促进乡村社会的广泛参与,力图达成乡村场域内真实社会性诉求的全局表达,并付诸实践。从这个意义来说,乡村社会增权的实践基础是建立在协商式的乡村社会参与的基础之上。但是,因乡村社会场域空间中的内生型宗族力量、熟人社会网络关系、地方政府运作方式与乡规民约等,都加剧了乡村社会参与的异质性效应。社会质量理论的建立是以广泛社会民众的福祉提升为基本目标,强调经济发展与社会发展之间的平衡点。[①]因此,需要理顺乡村社会参与的有效机制,从而提升乡村治理质量,实现乡村全面振兴。

---

① Gasper, D., Understanding the Diversity of Conceptions of Well-Being and Quality of Life, *Journal of Socio-Economics*, 2010, 39.